【新装版】
即時
業績向上法

「つき」を呼ぶ原則経営のすすめ

船井幸雄 著

ビジネス社

まえがき

私は昭和三十六年から「経営コンサルタント」を業としてきたが、昭和四十五年からは経営コンサルタント会社の社長業も兼任してきた。

おかげで、経営コンサルタントとして数千社の会社とつき合ってきたし、親しくおつき合いをいただいた社長さんの数は一万人をこえると思う。

多くの会社や社長さん方と真剣につき合ってきてわかったことは、人や経営体にとって、**「つき」**というものが、いかに大事かということである。

そして、「つき」というものが、成功や幸せの決め手であることもわかった。この「つき」というものは、人間の努力によって近づいてくるものでもあるし、また、人間の行為や言葉、思考によって逃げていくものであることも、最近でははっきりわかるようになった。

そこで、これらについて、三年ほど前より、著書の中で発表しはじめた。

私の近著の『上に立つ者の人間学』『人を活かす人間学』『ベイシック経営のすすめ』『実践

経営道場』などをお読みいただければ、それがどのようなことかおわかりいただけよう。

人として、この世に生まれてきたのはすばらしいことである。人は、人以外の動物と比べると、知性と理性を持っている。使えば使うだけよくなるアタマと、ものごとのよしあしの判断ができ、よいことをしたい、悪いことはやめたい、という理性がある。また、知性と理性がある故だと思うが、クリエイトする能力もある。

このように特別の存在として生まれてきた人は、その能力を活かし、できるだけ「世のため」「人のため」につくす使命を持っていると考えてよいだろう。……というより使命を持っているといってよい。

私は仕事がらか、その人としての使命を果たす非常によい方法が経営者になることだし、経営をすることだと思えてしかたがない。

経営者というのは逃げられない。中小零細企業の場合は、自分の全財産を担保に入れないと経営資金ができないのが普通である。大企業になると、社会的な使命がのしかかってくる。いずれにしても、真っ正面からつき当たる以外にない。

子供を持つと逃げられない故、親になった人は人間として一挙に成長するものだが、経営者と非経営者の最大の差は、この逃げられないことからくるといってもよいようである。

また経営には、伸びるか、衰退するか、という二方向しかない。横ばいなどはありえないのである。ということは伸びなければしかたがない、ということになる。

ところが世の中に存在する企業というか、経営体の半数は伸びているが、半数は衰退している。伸びるためには、猛烈な努力、上手な生き方がどうしても必要になるといえるのである。

このように考えただけでも、経営者というのは、知性や理性、創造力をきたえ、それらを上手に活かさねばならないのが仕事であることに気がつく。

それだけではない。経営体の目的は、第一に社会公共性の追求であり、第二が人間性（教育性）の追求、その結果として収益性が追求できるのだから、経営者になるというのは、人として生まれた使命追求の非常によい方法だといってよいだろう。


ところで私も、最近になって、ようやく知ったことだが、経営で成功するこつ（決め手のポイント）も、幸せになるこつも、健康になるこつも、みんないっしょなのである。

それらのためには、とりあえず「つき」をつけることが大事だといえる。

なぜなら、「つき」のある時に考えたり、実行したり、意思決定することは、どんなことであれうまくいくが、「つき」のない時に考えたり、実行したり、意思決定することは、決してうまくいかないからである。

その「つき」のつけ方を、私は一〇年ほど前に見つけ出した。この手法を「つき原理応用法」

といっているのだが、経営の世界では「船井流即時業績向上法」ともいわれている。「つき」をつけると、次にやらなければならないことは、「つき」を落さないことである。そのためには、時流や良心、あるいは原則に反することをしないことである。私は「つき」を維持することを「つき管理をする」といっている。

「つき」をつけ、「つき管理」をしたうえで、次に実行することが、「思いを実現させること」である。私は、これを「願望実現法」といっており、イメージ化と確信が決め手となる。ともあれ、「つき」をつけ、「つき管理」をし、「願望を実現」させる「こつ」が、成功、幸せ、健康の「こつ」でもある。

いずれ、近々、『上手に生きる人間学』ということで、これらは一冊の著書にまとめて発表しようと思っている。

本書は、この『上手に生きる人間学』を、経営という面からとらえたものである。

本書をお読みいただくと、「経営」と「つき」の関係がおわかりいただけるし、「経営という のは、時流に合うか、原則に合うことをやるべきで、この両方に反してはいけない」といわれるのも、「つき管理」や「つける方法」をお知りいただくとご納得いただけると思う。

いま、日本もアメリカも好景気に浮かれている。しかし、現在の社会構造の基幹をなしている近代工業化社会は、あきらかに行きづまったといってよい。（拙著『ベイシック経営のすすめ』＝昭和六三年、ビジネス社刊や、『人を活かす人間学』＝昭和六三年、ＰＨＰ研究所刊参照）

近々、大変化が来そうであり、現在の繁栄は変化の前の仇花とさえ思われる。そのようないま、目先を上手に生きるだけでなく、本質的に上手な生き方をしなければならない。そのために、本書が、経営者をはじめ、経営に関心のある読者に役立つことを期待している。

本書は、いつも経営の第一線にいる著者が、むずかしいことにつき当たった時の、その折にふれての提言をまとめたものである。第一線からの提言といってもよい。そういう意味でお読みいただきたい。

読者が「つき原理応用法」を体得されることを期待して、まえがきとしたい。

平成元年一月二十五日

船井幸雄

第1章 〝つき〟を呼ぶ船井流経営法

第2章

船井流即時業績向上法

第3章

非常時への対応

第4章

船井流原理・原則経営

付章

船井流経営法＝ベーシック経営法の原理と手法

解説

本書は平成元年3月1日に小社より刊行した『即時業績向上法』の新装版になります。登場人物の肩書きや社名、数字などは執筆当時のものです。

第1章

〃つき〃を呼ぶ船井流経営法

01

成功するコツをつかむ

私が経営コンサルタントとして仕事をはじめたのは、昭和三十六年からである。まだ新米のころ、昭和四十二年ぐらいまでは、よく失敗もした。私のアドバイスミスで倒産した会社も何社かある。倒産した会社の社長やその一族、あるいは従業員たちのその後の悲惨や辛苦を見るにつけ、気の毒さで私の胸は痛んだ。

これからは絶対に会社を倒産させてはならない。そう考えて私は必死になって勉強をはじめた。

真剣に勉強をはじめたのは昭和四十年ごろからであったが、昭和四十二、三年ごろになって、私はやっとあるコツをつかんだ。それからは、ほとんど失敗はなくなっている。例をあげてみよう。

会社が伸びるか伸びないかは、業種業態に関係なく、あるいはメーカー、卸、小売業に関係なく、経営者による。組織体というのは、九九％はそのトップ一人で決まるものだ――そういう確信を私は昭和四十三年ごろからもつようになった。

それ以来、私のところへコンサルティングを依頼に来る経営者のなかで、この人なら非常に伸びそうだと思われる経営者と、私は約束を交わしはじめた。

「私とおつき合い願えるのでしたら、これから一〇年間で売り上げを現在の五〇倍、利益を一〇〇倍にするという約束をなさいませんか」

「そんなむちゃなことは、できるはずがありません」

「でも先のことはわかりませんよ。ひとつ約束してください」

私に口説かれて、約束を交わされた経営者は、昭和四十三年ごろから現在まで約一九〇人に達している。そのなかで、約束を交わしてから一〇年以上経った経営者が約九〇人。約束どおり売り上げが五〇倍以上、利益が一〇〇倍以上に成長した企業は六〇社を数える。

しかも、約束を交わした会社のなかに、倒産した企業とか以前より売り上げが下がった企業は一社もない。

売り上げは最悪でも五倍、平均すると一〇年間で三〇倍以上になっている。ほとんどが大きな成功を収めたと見ていいだろう。

こういう成功をかちとるには、そこに何かひとつのコツがある。それが私にわかってきたということだ。それはそんなにむずかしいことではない。これから本書でのべるのは、そのコツについてである。

02

天地自然の理に従うこと

私の会社を例にあげてみよう。

私は昭和四十五年に会社をつくり、これまでかなり気楽に社長業に携わってきた。社長業よりコンサルタント業のほうが好きで、暇を見つけてはあちこちの会社を訪ねて、アドバイスをしたり、講演をしたりしていたのである。本来の社長業というのは、月に一日もしていなかった。そんな気楽な経営をしながら、私の会社は、創立以後一〇年間で売り上げが約九〇倍、利益が一八〇倍と急成長を遂げたのである。

どうしてそれだけ伸びることができたのか。もちろん私の会社だけではない。クライアントの会社の成功例などを含めて考えてみると、そこにひとつの大きな理由があることが私にやっとわかってきた。それは、どうやら天地自然の理に合っていたからだ、ということなのである。

世の中には、世の中をつくり、動かしている大きな原理・原則がある。この原理・原則こそが、天地自然の理だということをわれわれは知っている。この世の中は、おそらく単純な原理・

原則によってでき上がり、運営されているのだろう。

だが、われわれは天地自然の理のほんの一端しか知らない。いろいろなことを知っているようでいて、実は世の存在の原理、運営の原則の何万分の一も知らないのではなかろうか。

しかし、知らなくても世の中は確実に動いている。その動きのなかに原理・原則がある。この原理・原則に合ったことを実行していれば、どうやら**「つき」**がめぐってきて成功するが、それに反することを行っていれば、「つき」は逃げ、売り上げも利益も下がっていかざるをえない。要するに、運や「つき」を呼ぶということは、天地自然の理に従うことだ、ということにやっと気がついたのである。

天地自然の理に従っていれば「つき」を呼ぶし、それに反すれば「つき」を失う。経営コンサルタントというのは、だいたい「つき」の悪くなったところから仕事の依頼を受けることが多い。

「業績が下がってきました。どうすればいいでしょうか」

そういうときは、まず現状のままでその会社を**「つく状態」**にしなければならない。そのためにあるのが、次章でのべる「即時業績向上法」というノウハウなのだが、その根底に流れるものはあくまでも天地自然の理なのである。

では、天地自然の理とはどういうものか。

03

成功の三条件

成功には、三つの基本条件がある。天地自然の理を説明する前に、この成功の三条件についてまずのべておきたい。そのほうが話がわかりやすいからだ。

私の会社には、一日一五件ぐらい新しい仕事の依頼がくるが、そのうち実際に仕事として引き受けるのは一〇件ぐらいである。コンサルタントの数が足りないわけではないし、本当は全部お受けしたい。にもかかわらず一〇件ぐらいというのには、それなりの理由がある。

われわれはコンサルタントとしてはプロだから、依頼者にお目にかかり、少し話をしただけで、この人は伸びる人か伸びない人か、たちどころに判断できる。

私の判断では、一五人の依頼者のうち五人は、まず間違いない。伸びるか伸びないか疑問を抱くのは、残りの約一〇人である。伸びない人に一所懸命アドバイスしてもムダになることが多い。

同じ努力をするなら、できるだけ伸びる人に仕えたいというのが人情だろう。だが、せっかく依頼に見えたのだから、できれば仕事をお受けしたい。そこで残りの一〇人の経営者を一所懸命口説くのである。

「これから私のいうとおりのことをやってもらえれば、仕事を受けさせてもらえるし、あなたの会社も伸びるのですが、いうことを聞いてもらえますか」

私の口説き方が下手なせいもあって、一〇人のうち半分近くは口説けるが、残りの五人は口説けない。そこでもともと大丈夫と思われる五人と、口説くことができた五人と、計一〇人からだけ仕事を受け、残りの五人は申し訳ないがお断りすることになるわけである。もっと端的にいえば、どうしても伸びそうにない人からは、はじめから仕事を受けない。

こうして毎日一〇件ぐらいの仕事を受けると、年間で約二五〇〇件ぐらいのコンサルティングの仕事をこなすことになる。このうち約七割が、「いま売り上げが下がっている、何とかならないか」というむずかしい仕事だ。一割が「いま非常に好調だが、これをもっと伸ばしたい」という虫のいい依頼で、残りの二割はどちらともいえない。

このように、全体としてはむずかしい仕事が多いのだが、そのうち失敗するのは年間一〇件足らず、平均して七件ぐらいだろう。決して悪い成績ではない。

ところで、「私のいうことを聞いてくれますか」といって依頼者を説得する場合、いちばん最初に出すのが成功の三条件なのである。

04 まず勉強好きになること

成功の三条件のなかのひとつは、**「勉強好き」**になることである。

勉強好きになるということは、知らないことを知ることが好きになること、あるいは知らないことに挑戦することが好きになることだ。これがないと、成功はまずおぼつかない。

一般に年をとると、知らないことへの挑戦はつい面倒になるものだが、実際には年齢はあまり関係ない。年をとっても勉強はできるし、勉強したことは大いに吸収できるものだ。

韓国に、三四の会社をもち、従業員一五万人を擁する三星《サムスン》グループという企業がある。そのグループのひとつに新世界という韓国一の小売業があるが、ここの社長のリュウさんはものすごく日本語がうまい。聞いてみると、リュウさんは、四十一歳のときに三星教育研修センターというところで、たった二カ月間、しかもはじめて日本語を勉強しただけだという。

私も三星の社員に案内されて、この研修センターへ行ってみたが、そこの日本語を教える教室は完全に隔離された建物になっていて、生活様式もすべて日本式、置いてある本も日本語の本だけである。そのなかで勉強するわけだが、六人の生徒に一人ずつ日本人の先生がついていて、なるほどこういうところで勉強すれば、二カ月で日本語がマスターできるようになるものか、と感心させられたものであった。

勉強しているのは若者が多いが、なかには四十歳以上の人も混じっている。それを見て私は、勉強に年齢は関係がない、年齢はいくつになっても、われわれの潜在能力はかなりの程度開発されるものなのだ、ということが納得できたのである。

そういえば、たとえば国際エコノミストとして名高い長谷川慶太郎さんも、四十歳から英語を覚えたということである。もちろん、大学時代に勉強した下地はあったにしても、本格的に英語に取り組んだのは四十歳になってかららしい。長谷川さんは、いま世界中を英語で講演して回っている。

こうしてみると、われわれは死ぬまで勉強好きであったほうがいいし、知らないことに挑戦することが、どんなにすばらしいことかもわかってこよう。

だから私は依頼者にお願いするのである。

「みなさんの年が六十歳でも七十歳でも限りない可能性がありますし、頭もいくらでも良くなります。それにみなさんが勉強好きにならないと、部下の人も勉強好きになりませんし、優秀な人材は集まりませんよ。だから徹底的に勉強好きになってください」と。

05

「すなお」と「プラス発想」と

成功の三条件の第二は、**「すなお」**である。

「すなお」とは何か。世の中には知らないことがたくさんあり、しかもこれまでに経験したこともないような、いろいろな現象が押し寄せてくる。

そんなときに、自分の過去の経験や知識に照らして、すぐ「そんな馬鹿なことがあるものか」といってしまわないこと。

それが「すなお」である。世の中には、どんなことがあるか、どんなことが起きるかわからないものなのだ。

数カ月前、私が飲食店業界の会合に出たときのことである。こういって嘆いている人がいた。

「うちの業界では、売っても坪当たり最高で二〇〇〇万円、普通だったら坪当たり三〇〇〇万円。それ以上売れるはずがありませんよ」

だが、はずがないことが実際にはあったのである。たとえば、東京の小岩に一・五坪の小さな店で年間七五〇〇万円も売っている飲食店がある。私は、「そんなに売れるはずがない」というその人を、その店へつれて行って納得してもらった。これは、実際にその場へ行って見れば理解できることなのだが、頭で考えていたらわからない。

したがって、決して「あるはずがない」と否定しないこと、どんなことを聞いても「そうかもしれない、自分もひとつ挑戦してみよう」と考えることだ。これが「すなお」である。

成功の三条件の第三は**「プラス発想」**である。

プラス発想とは何かを知るためには、まず第一に、人間は何のために生まれてきたのかを考えてみることだ。そうすると、人間として生まれてきた以上、人間だけがもっている能力、人間だけがもっている特性を追求することが、いかに大切なことかがわかってこよう。これを「人間特性の追求」という。

では、人間にはどういう特性があるだろうか。

人間にはまず第一に、使えば使うほど良くなる頭がある。だから、この頭を良くすること。できるだけ頭を使うこと。これが人間特性の追求のひとつということになる。

もともと頭が良かろうと悪かろうと、それは使えば使うほど良くなるわけだが、そのためには、やはり勉強好きになり、懸命に勉強することだ。知らないことに挑戦し、知らないことを経験し、それをどんどん吸収していこうと考えること。

これが人間特性追求の第一である。

06

人間特性の追求とプラス発想

人間特性追求の第二は、理性的に生きることだ。人間は、理性的な意志、情動的な意志、本能的な意志の三つで動くが、人間以外の動物は、本能的な意志と情動的な意志でしか動かない。理性的な意志をもつのは人間だけである。

では、理性的な意志とは何か。悪いと思うことはやめ、いいと思うことを実行しようとする意志のことだといっていい。

だが、人間には、それがわかっていても、いいと思うことが実行できず、悪いと思うことがなかなかやめられない欠点がある。たとえば、タバコは吸わないほうがいいと思っていても、なかなかやめられない人が多い。これは理性的に生きられない人の欠点といえよう。

一般に伸びない人というのは、理性的に生きることが下手だが、伸びる人というのは理性的に生きることができる。このような理性的な生き方の追求が、人間特性追求の第二である。

人間にはもうひとつ、心に思ったこと、口に出したことばが実現するという特性もある。思ったこと、口に出したことが実現するのだとしたら、なるべくいいことを思い、いいことばを吐くことだ。

たとえば、自分の子供をつかまえて「お前は頭が悪い、お前はダメだ」と絶えずいっていると、本当にそういう子供ができてしまうし、反対に、「お前は頭がいい、実にいい子だ」といっていると、いい子供に成長する。

このように、「うまくいかないだろう、どうせダメだろう」と否定的なことばかりを、口にしたり心に思ったりすることをマイナス発想といい、「かならずできる」と、すばらしい夢の実現を口にしたり頭に思い浮かべたりすることをプラス発想という。このようなプラス発想をもつこともまた、人間特性追求のひとつにほかならない。

上記の三つの条件、すなわち「勉強好き」「すなお」「プラス発想」が成功の三条件である。この三条件を満たすことができれば、ほぼ七〇％の成功は間違いない。

したがって私は、この三条件の会得を約束してくれるよう、仕事の依頼者に懸命に口説くことになるのである。

この成功の三条件は、人間特性の追求と合致しているという意味でも、最も天地自然の理にかなっていると理解していただきたい。船井流経営法というのは、決してそうむずかしいものではない。この三条件の会得がまずその大前提である。

07

船井流モデル紹介法

成功の三条件というのは、天地自然の理に従うと「つく」し、反すると「つき」がなくなるという、いわゆる「つきの原理」に基づいた船井流経営法の基本中の基本である。

先にも書いたように、この成功の三条件を満たすだけで業績アップは七〇％保証できる。非常に効率がいい。このように最も効率よく業績向上に貢献するのが船井流経営法なのである。

私は、効率が非常に好きである。人間として生まれてきた以上、できるだけ効率よく人間性を向上させたいと思うからだ。おそらく教育とか訓練というのは、そのためにこそあるといっていい。

そこで私は、最も効率よく業績を向上させるための体系をつくったわけだが、その第一の前提が上記の成功の三条件なのである。

では、成功の三条件の会得を約束してもらったら次はどうするか。次は、つきまくっている人、あるいはつきまくっている会社を紹介することに努めるのである。つく人、つく会社とつき合うとつくようになるし、反対につかない人、つかない会社とつき合うと、つきは逃げてしまうからだ。

このように、つきまくっている人や物、会社とつき合ってもらうと、成功率はさらに二五％ぐらい増すようになる。先の七〇％と合わせて、成功率はこれで合計九五％だ。これを「船井流モデル紹介法」という。

だが、仕事の依頼者がつきから見はなされた状態にある場合は、つきまくっている会社に紹介する前に、まずその依頼者につく状態になってもらわなければならない。そのほうが先決である。なぜならば、ついている人、会社とつき合わせようと思っても、つきまくっている人や会社というものは、一般についていない人や会社とはつき合ってくれないからだ。

ついていないということは、業績が悪いということである。このようについていないときに意思決定しても、すべてはうまくいかない。

したがってそういう場合には、現在の業種・業態で、現在の人間で、現在の商品、現在の売り場面積で、そのままの状態でとりあえず売り上げを上げることなのである。それで前年より一割でも二割でも売り上げが上がり、それが何カ月か続けば、はじめてついた状態になったといっていい。

では、売り上げをとりあえず上げるにはどうするか。そこで考え出したノウハウが次章でのべる「船井流即時業績向上法」なのである。

08 ついていないときの改善策は失敗する

前項で、業績がよいとき、あるいはついているときの方向づけや意思決定はすべて正しくうまくいくが、反対に業績の悪いとき、あるいはついていないときに考えることや意思決定することは間違うことが多いと書いた。その典型的な例のひとつが、商店街や小売店舗のリニューアルだろう。

ここ十余年、業績が悪化したからという理由で実施されたリニューアルは、その九〇％以上が失敗に終わっている。リニューアル以前よりも客数を減少させ、売り上げも利益も落とし、投資分の回収ができず、経営採算的には大赤字になっているケースがほとんどといっていい。

たしかに昭和四十年代には、業績が悪化したときの最大の起死回生策として、リニューアルは絶大なる効力を発揮していた。

だが、いまはちがう。現在は、昭和四十年代の消費の拡大期とは明らかにちがい、競争激化の時代であり、消費の低迷期なのである。そのなかでは、業績を低下させる店も商店街も当然ふえてこよう。いわば「つき」の悪い時代なのだといっていい。

にもかかわらず、「○○百貨店のリニューアル成功」とか「リニューアル成功で△△商店街に客足戻る」などとマスコミに報道されるごく一部の成功例に触発され、「わが商店街も」「わが店も」と、希望的な観測を抱き、業績が下がった状態のままでリニューアルという意思決定をしてしまう。これではますます「つき」を落とすばかりだ。

ついているときにやることはつくし、ついていないときに変わったことをすれば、いよいよ「つき」を落としてしまう。これが「つきの原理」なのである。

したがって、もしリニューアルをするのであれば、とりあえず、その店の業績を前年比で何十パーセントか伸びている状態にしてからやらなければならない。

たとえば、銀座の松屋のリニューアルが大成功をおさめたのは、リニューアル以前に、まず地域一番商品をつくり、業績を向上させ、ついている状態にしてから、それに取りかかったからなのである。

ついでにいえば、リニューアル後一年間の粗利益額増加分が、リニューアルへの投資額よりも多い場合、そのリニューアルは成功とみなしてよい。

たとえば一億円のリニューアル投資をした場合、リニューアル後一年間に、その前一年よりも、粗利益額で一億円以上増加すれば、それは成功したと判断できるということだ。

09 ついているものとつき合おう

経営体というものは、たえず成長させていかなければならない。いいかえれば、常に成長期にあることが経営体の理想である。そのためには、たえず変化する世の中の動きに対応して、経営体そのものも変わっていかなければならないだろう。経営体の固陋はその死につながるからだ。

ただし、世の中の変化に適応するための対策を立てるとき、間違った方向づけや意思決定はできるだけ避けなければならない。そのためには、経営体をたえずついている状態にしておくことが、どうしても必要になってくる。前項にも書いたように、業績が伸びているとき、あるいはついているときに考える方向づけや意思決定は、すべてが正しく、うまくいくからだ。

たとえば、小売店でいえば、いまの店で、いまの従業員で、いまの商品で、とりあえず前年対比一一〇〜一二〇%ぐらいに売り上げも利益も伸ばすことである。それが五カ月以上つづいて、はじめてついている状態になったといえよう。将来のための意思決定をするのは、それからである。

このように、まず業績を向上させ、調子にのせ、自信をつけること、そこに「つきの原理」のポイントがあるといっていい。その具体的な方法については、後の章でふれるとして、ここではもう少し「つきの原理」について考えてみることにしよう。

まず、つくためには、ついている人、物、会社などとつき合わなければならない。これは「つきの原理」の第一である。ついているものとつき合うと、ほぼ間違いなく自分もつくようになってくるからだ。

「類は友を呼ぶ」ということばがあり、また「朱に交われば赤くなる」ということわざもあるが、「ついているものとつき合うとつくようになる」という「つきの原理」は、この二つのことばを合わせたようなものだ、と考えればわかりやすいかもしれない。これを裏返していえば、「ついていないものとつき合うとつかなくなる」ということになろう。

では、なぜついているものとつき合うとつくようになるのだろうか。それは、人間の意識のなかには、何であれ「切ない思い」が潜在しているからだといっていい。

「私もつきたい」「私もこの人のようになりたい」「私もこのような商品を扱いたい」——そういう思いが、ついているものとつき合うことによって顕在化されていく。また、つく方法もわかってくる。心に思ったことは実現するのである。

10

まず内部のついているものに目を向けよう

つくためには、ついているものとつき合えばよい、ということになると、すぐ短絡的に、まず外部のついているものとのつき合いを考えがちである。だが、自分に「つき」がない場合、そういう外部のものとは、同類ではないからつき合いにくいし、相手も「つき」のないものとはなかなかつき合ってはくれない。ついているものとつき合いたいと思った場合、問題になるのはその点である。

では、どうするか。外部のものとのつき合いは後回しにすればよい。まず第一に、自分のなかにある「ついているもの」とつき合うことにするのである。

個人でもいいし、会社でも店でもいい。全体として「つき」の悪いときでも、ひとつずつ部分をとってみれば、「つき」のよいものはたくさんあるはずだ。伸びているもの、好きなもの、自信のあるものは、たいがいついているものである。そういう意味でいえば、自分の周辺に「ついているもの」はいくらでも見つかるにちがいない。したがって、まずそういうものに力を注ぎ、伸ばすことからはじめること、小売業の店頭に置きかえれば、ついている商品、伸びている効率のよい商品とつき合うことからまずはじめるのである。

不思議なことに、長所とか好きなもの、自信のあるものを伸ばしているうちに、短所とか不得手なものは、しだいに消えていく。というよりも、長所をどんどん伸ばすことによって、不得手なものまでがプラスの方向に発展していくというべきか。

これは人間個人の場合にもそのまま当てはまる。その人間が伸びるためには、自分の欠点だけを思い悩むのではなく、まず長所を伸ばすよう努力すべきだろう。そのことによって、欠点さえもプラスの方向に引き上げられていく。

それとは反対に、ただひたすらに欠点をなくそうとだけ一面的につとめていればどうなるか。おそらく究極的には長所までもが消えていってしまうにちがいない。欠点も長所もない人間。それは性格的なノッペラボーである。

商品でも同じことだ。前年比で売り上げが落ちている商品については、なるべくそっとしておくべきだろう。

「去年、この商品は一億円売れたのに、今年は落ちている。だからこの商品に力を入れよう」という意思決定はよく見られるところだが、こういうつきのない商品とのつき合いは、全体の足を引っ張るだけで、よほど力がないかぎりやるべきではない。

11

前向きに、大きな夢をもち、よく勉強し、働くこと

まず自分のなかにある「ついているもの」とつき合い、次いで自分の周辺の「ついているもの」とのつき合いをはじめ、しだいに外部のついているもの＝人・物・会社などにつき合いの輪を広げていく。そうすることで、「つき」はさらに「つき」を呼ぶわけだが、要するに、これが「つきの原理」の原理たるゆえんであろう。

もちろんこの場合、はじめから「自分はついていない」とか「つかないだろう」と思うべきではない。かならず「自分はつく」「つくだろう」と思うことだ。そして「自ら、前向きに、大きな夢をもち、よく勉強し、よく働く」こと。これが「つきの原理」の重要ポイントであり、本質である。

未来に対して、「前向きに」「大きな夢をもつ」。まずこれが大事だろう。これは、いわば人間の条件といっていい。人間にとって未来の喪失は、人格の崩壊にもつながるからだ。たとえば、第二次世界大戦中、アウシュビッツの死の収容所に投じられた経験をもつ精神医学者のフランクルは、のちに「自分自身の未来を信じることができなかった人は、収容所で破滅してい

った」と書いている。フランクルによれば、そういう人たちは、ある日突然、何事をもしなくなるのだという。食事に行くことも、病舎にはこばれることも、便所に行くことも、どんなに頼まれ、おどされ、なぐられても、拒絶するようになり、自らの糞尿にまみれて、床に横たわったまま、生ける屍《しかばね》と化してしまった、というのだ。

おそらく未来を見失ったとき、人は自分自身の現在をも見失ってしまうのかもしれない。それだけに、「前向きに」「大きな夢をもつ」ことは大事なのである。

そして、「よく勉強し、よく働く」こと。他人よりよく学び、よく働いた人が、結局のところ成功し、幸せになり、つきが回ってくる。

人間の能力とは、努力によって育てうるものである。むしろそれこそが人間の能力といっていいだろう。それは天才でも例外ではない。天才とは常識の権化である。それは、とびぬけた素質の持ち主をいうのではない。ノーベル医学・生理学賞をもらった利根川進さんが、それを証明しているし、発明の天才エジソンも「天才とは九九％のパースピレーションと一％のインスピレーションだ」と証言している。

そしてその一％のインスピレーションでさえ、九九％のパースピレーションの結果としてのみ生じるのだといっていい。努力は絶対に必要である。

12 「愛情の原則」と「カガミの原則」

「つきの原則」にはもうひとつ、**「愛情をもって大事にすると集まってくる」**という本質的なポイントがある。お金でも、人材でも、情報でも、それらに強い愛情をもち、大事にしてくれる人のところに集まってくる。これは世の中の真理だ。

だから、たとえばお金を大事にすると、お金が集まってきて金持ちになれるし、お客を大事にすれば、お客が集まってきて商売が繁盛する。

このことは「大事にすると長持ちする」というルールとも通じよう。体を大事にすれば、それだけ長生きできるし、物を大事にすれば、電気製品でも自動車でも万年筆でも、それだけ寿命が伸びることはいうまでもない。

以上のようなルールを「愛情の原則」という。「カガミの原則」の応用といっていい。「カガミの原則」とは、相手に対するこちらの気持ちや行為が、あたかもカガミに映るがごとく、相手からもこちらに返ってくるという原則のことだ。

たとえば、電話で大声で相手に対することがある。とたんに相手の声も大きくなっていく。

そんなことだけではない。ほめられればほめ返したいし、いじめられればいじめ返したい。笑顔には笑顔で、罵倒には罵倒で応えたい、という気持ちがわれわれにはある。それがカガミに映って、はね返るように反応する。これが「カガミの原則」だ。

したがって、人から何かしてほしかったら、まず自分から相手に、それをしてあげることだろう。逆にいえば、人からされたくないことは、人にしてはならないのである。

ただし、すべてが「カガミの原則」どおりにいくわけではない。

いくら愛を打ち明けても、相手が横を向いてしまう場合だっていくらでもある。そこに動かしがたい器量や力の差がある場合だが、しかしどんなに力の差があろうとも、意識のうえではカガミの原則が確実に働いていることもまた事実なのである。

以上、「つきの原則」について、ごくわずかだが説明してきた。これまで見てきたとおり、これらは決してむずかしいものではない。というより、非常に簡単なことだ。

それはすべて「天地自然の理」にかなっている。世の中はこの天地自然の理に従って、実に整然と運営されているのであり、したがって天地自然の理にかなったことをやるとつくし、反することをやるとつきがなくなるのだといいかえてもいいだろう。

13 「つき」を呼ぶ生き方

ここでほんのちょっと人間の運命について考えてみたい。一般に自分の意志でどうにもならないことを運命という場合が多いが、運命とは、ほんとうにそういうものなのだろうか。

たしかに運命ということばには、人間の意志ではどうにもならない打ち勝ちがたいものというニュアンスがある。だいたい人間は自分の意志で生まれてくるわけではないから、そもそもの誕生からして、人間は運命を背負っているのだという人もいる。そのかぎりでは、たしかに、それはそのとおりかもしれない。だから英語でも「生まれる」をｂｅ ｂｏｒｎと受け身で表現するのだろう。

しかし、「だが待てよ」と私はいいたいのだ。「人間は生まれてこなければ、そもそも意志も何も生まれようはずがないではないか」と。われわれは、たしかに自分の意志とはかかわりなく生まれてきたが、そうして生まれ育つなかで、自分の意志も育ってきたのである。これからの人生をどのようなものとして生きていくかは、自分のその意志によって決まることなのだ。

要するに、われわれは自分の運命を変えられるし、自分が自分の運命の支配者なのだ、と私は思っている。一般に考えられている運命とは、運命に負け、運命に支配されるときにいわれる運命であって、その意味での運命は、われわれが運命の支配者になったときに運命ではなくなるだろう。

運命と似たことばに、その頭だけをとった「運」がある。「つき」とか「チャンス」はこれに近い。「運も実力のうち」といった将棋の十四世名人・木村義雄さんのことばがすぐ浮かぶが、これは至言といっていいだろう。勝負の世界では「運がよかったから勝った」とか、「負けたのは運がなかったからだ」とよくいわれるが、この運とは、実力のあらわれにほかならないということだ。「運」を「つき」といいかえてみると、はっきりする。どんなに「つき」があっても、実力がなければそれを生かせないし、そもそも「つき」があることに気づくこともないだろう。要するに「つき」とは向こうからひとりでにやってくるのではなく、自分の実力で引き寄せるものなのである。

とすれば、われわれは勉強し努力し、自分に実力をつけていかなければならない。それが「天地自然の理」に従った生き方であり、「つく」生き方そのものなのである。つまり、世のため人のためになることを目標にしながら、大きな夢をもち、それに向かって最大限の努力を傾けて、自分に力をつけていくこと。

これが運命を切り開き、「つき」を呼ぶ生き方なのだといっていい。

14 「つき」は人相に反映する

「運」や「つき」は、前項にも書いたように向こうからひとりでにやってくるものではない。それは自らつくるものである。「つきの原理」からいえば、（1）まずつく状態にし、つく状態になったら、次に、（2）「つくもの」をつくっていくことが大事になってこよう。

こうして「つき」をつくり、業績が向上してくると、その会社や店の経営者はもとより、従業員までが、①人相がよくなり、②温かい明るい人間性にかわり、③肯定的になり、④人を引きつけるようになって客がふえ、⑤感謝の気持ちから和やかな雰囲気が生まれてくるようになる。

反対に、業績が悪いと、人相が悪くなり、否定的になって、冷たい雰囲気にならざるをえない。要するに「つき」のあるなしが、人相や態度に反映するのである。その意味では、「運」や「つき」が自らつくるものであると同様、顔や態度も自らつくるものであるということがわかってこよう。

シェークスピアに『から騒ぎ』という戯曲がある。そのなかに、教養のあるところを見せたがるある人物が、「顔のよしあしは境遇しだいだが、読み書きができるかどうかは生得のものだ」と得意気にしゃべるくだりがある。もちろん「顔のよしあしは生得のものだが、読み書きができるかどうかは境遇しだいだ」というべきことばの間違いであることはいうまでもない。

だが、この人物はほんとうにいい間違えたのだろうか。あるいはヒョータンから駒ということもある。少なくとも、この人物のセリフの前半の部分は、案外真理をいい当てているといっていいだろう。ただし、ここでいう「境遇」を、人間の生まれ落ちて育つ受動的な環境としてとらえるのではなく、自ら切り開き、つくっていく境遇としてとらえた場合の話だ。

「つきがよい」とか「つきが悪い」という状態は、間違いなく伝播する。そして、それは人の人相にも反映する。とくに人間は、「つきの悪さ」をなかなか自力で断ち切れない。

そして、業績が落ちる→自信がなくなる→否定的になる→人相が悪くなる→雰囲気が悪くなる→客が去っていく→つきがますます落ちる→業績がますます悪化する、という悪循環に陥っていく。

だが、この悪循環は何としてでも断ち切っていかなければならない。これを断ち切って「つき」が戻ってきたときに、人間の顔は輝いてくる。「四十過ぎたら自分の顔に責任をもて」というリンカーンのことばは、そういった人間の努力の営為と無関係ではない。

15 「つき」の管理

「つき」のない人は、最低限「つくる」ための努力をしなければならない。「つき」や「運」は、何度ものべるように、自らつくることが可能なのである。だが、せっかくそうして獲得した「つき」も、下手をすれば簡単に去っていく。努力をして得た「つき」は、落としてはならないし、去らせてもならない。

では、「つき」や「運」はどうすれば維持できるだろうか。この「つき」を維持する方法を「つき管理」という。いま、伸びている会社は、それぞれこの「つき管理」に全力投入しているといってまちがいではない。具体例を一～二あげてみよう。

たとえばダスキンという会社だ。この会社の経営方針は「損と得の道あらば損の道を歩もう」というものだが、ここでいう損の道とは、「まず他を利して、それによって自らも徳をもらおう」という考えから成り立っている。これこそ「つきの条件」にかなったものであるといっていい。

それだけではない。この会社では、全員が「般若心経」をいっしょに唱えることで、その日その日に正しい生き方をしたかどうかを反省し、社業＝世の中への奉仕に邁進する心を日々新たにしている。現実の空しさを徹底して実感することにより（色即是空）、現実に生きる価値と意義を十二分に自覚できる（空即是色）とし、これを唱えることによって人間は最高の知恵に近づける、というのが「般若心経」の教えだが、これでみると、同社の「つきの管理」は万全であるといえよう。

また、ＴＭ（トランセンデンタル・メディテーション＝インドのマハリシ・マヘーシュ・ヨーギーが体系化した超越瞑想）を「つきの管理」に使っている企業も多い。

たとえば、その急成長ぶりが話題になっているディスカウンター小売業の大手、アイワールドや、全社員が和気あいあいのなかで業績を伸ばしているシマダファッショングループなどがそれだ。

二十一世紀へ向けての精神面での最大のテクノロジーと評価されているＴＭは、あらゆる瞑想法を科学的に統合、短時間で気楽に、宗教にとらわれることなく、誰にでも実行できる方法だが、現実にこのＴＭの実施によって、ストレスがとれ、肩の凝りも疲れも見事にとれてしまうから不思議である。「天地自然の理」もわかり、したがってこれをいっしょに実施することは、そのまま「つきの管理」につながっていくといっていい。

いずれにせよ、このようにして絶えず業績を向上させていくことが、産業界では最高の「つきの管理」になっているもようである。

16 つく人の特性❶

本章ではこれまで、「つきの原理」についてある程度のべてきた。十分意を尽くしたとはいえないにせよ、それがどういうものであるのか、多少のご理解は得られたことと思う。説明の足りない部分は、これからの記述のなかで機会あるごとに補っていくことにするが、ともあれわれわれは、「つきの原理」を知り、自らそれを実行し、つくようになっていかなければならない。「つく」ものをつくり、「つきの管理」もしていかなければならない。

これまでのべてきたことからもわかるように、つくようになるためには、結局は自分の心を養っていく必要があろう。心を養い、「つく」人間に自分自分を変えていく。それがまず大事だ。

では、どういう人間が「つく」人間なのだろうか。そのことにふれなければならないが、つく人の特性についてのべることは、おのずから「つきの原理」の説明とも重なろう。

つく人というのは、一般に次のようなタイプの人間をいう。

(1) ものごとをよいほうに考え、よいこと、あるいはよくなることを想像し、発想でき、絶えず「自分はついている」と思えるタイプの**「プラス発想型人間」**。

（2）どんなことでもすなおに受け入れられ、過去の経験や知識だけでものごとを決めつけたり、否定したりしない**「すなお肯定人間」**。

（3）新しい未知の分野に挑戦し、それを知ることが好きな**「勉強好き・挑戦好き・やる気人間」**。

（4）謙虚で、誰に対してもいばらず、差別意識のない、いつも笑顔の**「謙虚な笑顔人間」**。

（5）他人の短所に目が行かないかわりに、長所がすぐ目に入り、しかも他人や自分の長所を伸ばすことに全力をつくす**「長所伸長型人間」**。

つくタイプには、そのほかまだたくさんあるが、それらについての記述は次項に譲るとして、ここでは、いまのべた「長所伸長型人間」について、少し説明を加えておくにとどめておきたい。

一般に人間は、欠点を指摘されると怒るものである。怒ればなかなか欠点は直らない。したがって、欠点だけを指摘することは、決していい方法とはいえない。人間は誰でも長所をもっている。その長所をまずほめて伸ばすことだ。

欠点を指摘して直したいのなら、長所を三つほめてから欠点をひとつ指摘しておくといい。それも、「それさえなくなったら、もっとすばらしいんだが……」というい方をする。そうすれば、長所はますます伸び、欠点は消えていく。長所を伸ばすとは、そういうことだ。

17

つく人の特性❷

前項に引きつづき、つく人の特性についてもう少しのべてみよう。次のようなタイプの人も「つき」を呼びやすい。

（6）他人に任せるべきことは任せるが、責任は自分で負い、自己犠牲的で、他をアテにせず、自助をたてまえとする**「自助型人間」**。

（7）耐えることを苦にせず、喜んで苦労し、しかも目標を定めたら、達成するまでくじけず、執念をもってことに当たる**「辛抱・執念型人間」**。

（8）常にマクロな、バランスのある判断ができ、感情が安定して自己制御心が強く、着実な実行力に秀でた**「着実・バランス安定人間」**。

（9）二十代末までは強気で生き、三十代から四十代前半にかけては強気に負けん気をミックスして生き、四十代後半以降は、強気、負けん気に、思いやりも加わって生きるタイプの**「強気・負けん気・思いやり人間」**。

（10）統制や管理が大嫌いで自由を愛するが、約束したことや秩序維持のために必要だと判断されることは必ず守る、高教養型の**「秩序維持型自由人」**。

つく人というのは、おおむね以上のような特性を有しているものだが、こういった特性は、心のもち方によって、あるいは心を養うことによって自分のものとなっていく。

では、つかない人とはどういうタイプの人か。それは、つく人とは逆の特性をたくさんもっている人といいかえることができよう。すなわち、①マイナス発想型人間、②否定・批判型人間、③保守・怠け型人間、④傲慢・不遜型人間、⑤短所是正型人間、⑥他人依存型人間、⑦あきらめ型人間、⑧情緒不安定・短慮型人間、⑨弱気・逃避型人間、⑩保護・制約期待人間、ということになる。

以上、つく人の特性、あるいはつかない人の特性を眺めてきたが、このなかには「つきの原理」の本質が秘められている。

われわれは、できるだけつかない人の特性を捨て、つく人の特性を獲得するよう心がけなければならない。それには、天地自然の理に従った生き方をすることだ。つく人の特性をもつよう努力することが、そのまま天地自然の理に従う生き方なのだといっていい。

つく人の特性は、つく条件そのものであり、つかない人の特性はつかない条件そのものなのである。

第2章

船井流即時業績向上法

18 なぜ即時業績向上法か

天地自然の理にかなったことをやると、つくし、反したことをやるとつきがなくなる。これは、すでに前章でも再三のべたところだ。「つきの原理」の大本となる考え方といっていい。

これをもっと経営に具体的に生かしたらどうなるだろうか。

経営体が生き残り、成長をつづけていくためには、世の中の変化に適応していかなければならない。その場合の対策を立てるときに、まちがった意思決定はできるだけ避けなければならないわけだが、それには経営体を常についている状態に保っておくことが必要となる。業績を常に向上させつづけることといいかえてもいい。ついているとき、あるいは業績が向上しつづけているときの意思決定は、すべてうまくいくからだ。ついているときにやることは、すべてつくのである。

逆に、業績の悪いときの発想や意思決定には誤りや失敗が多い。ついていないときに何か変わったことをやれば、当然、よりつきを落とすことになろう。先に、業績が悪化したときに、その改善策として行われる百貨店などのリニューアルの大半が、かえって業績を悪化させ、失敗に終わることになるだろうと書いたのは、そのためである。

われわれは、まず現状の業種、業態のままで、あるいは現状の商品、店、従業員で、とりあえず業績を上げることを考えなければならない。そして、前年対比で一一〇〜一二〇%ぐらいまで売り上げも利益も上げるのである。それも半年以上つづけられれば、やっと本物ということになろう。

そうなれば、ついている状態になったといえるし、自信も生まれてくる。そうなったときに、はじめて将来の方向づけを考え、意思決定をするのである。方法としては、それが正しい。ついている状態のもとで考えることは客観的で正確になるし、まちがいのない意思決定ができるからだ。

したがって、経営体が現在業績が悪い場合には、そのままの状態、そのままの扱い商品などで、とりあえず業績を向上させることこそが、当面の急務なのである。

では、現状の扱い品目、現状の店、現状の販売員などで、どのようにしたらとりあえず業績を向上させていくことができるだろうか。

われわれはまず、「つきの原理」を知らなければならない。たとえば、**「ついているものとつき合うとつく」**というのもそのひとつだ。即時業績向上法とは、そういった「つきの原理」を基本として生まれてきた経営ノウハウなのである。

19 伸びているものを伸ばす

即時業績向上法としてまず第一にあげなければならないのは、**「伸びているものを伸ばす」**という、ごく単純な方法である。これが〝つきのよい〟ものとつき合うとつき、〝つきの悪い〟ものとつき合うとつかなくなるという〝つきの原理〟からきている方法であることは、いうまでもない。

これを小売業の店頭に置きかえて、もう少し具体的に見てみよう。

どんなに業績が落ちている店でも、品目別に統計をとってみればわかるように、扱い品目のすべてに関して業績が落ちてしまっているということは、まず考えられない。そのなかには前年比で一三〇％以上も売り上げが伸びているような商品が、かならず何品目かはあるものだ。

このような商品は、店の全体としての売り上げが落ちているなかで伸びているわけだから、よほど商品力があるか、時流にのっている〝ついている〟商品といえる。

そこで、品目別に見て前年比一三〇％以上になっているような商品については、とりあえず売り場面積をこれまでの一・二倍にし、店頭在庫を一・五倍にふやしてみていただきたい。その商品の売り上げは、三カ月もたてば、たぶん前年比で二倍ぐらいに伸びているだろう。

このような〝ついている〟商品は、売り場や在庫をふやしても決してロスは発生しないし、それどころか売り場や在庫をふやした以上に売り上げが上がり、利益も増加するものなのだ。

ところが、一般にはこれを逆に発想する人が少なくない。前年にくらべ売り上げが落ちている商品について、売り上げを元に戻すよう力を注ごうと考えがちなのである。

前年比一〇%以上も売り上げが落ちている商品は、実は〝つきの悪い〟商品なのである。こういう〝つきの悪い〟商品に力を注いでいると、いくら頑張っても努力が空回りになり、労多くして効少なしどころか、かえって全体の足を引っ張って業績が悪化するばかりだろう。

したがって、よほど自分に力と余裕がないかぎり、このような〝つきの悪い〟商品については、なるべくそっとしておいていただきたい。とくに、〝つきの悪い〟ときにはそれに力を注ぐべきではない。やがて全体がよくなれば、〝つきの悪い〟商品も、いやおうなしによくなるものなのだ。

このように、自分の身の回りの伸びているものを伸ばし、〝つきの悪い〟商品とはつき合わないこと。この単純にして明快な方法こそが即時業績向上法の第一であると理解していただきたい。

20 自信のあるものを伸ばす

「伸びているものを伸ばす」ということと関連して、「**伸びる可能性のあるものを伸ばす**」という点についても、補足的に少しふれておかなければならない。

「伸びる可能性のあるもの」とは何か。これには二つの意味がある。マーケットはあるのだが、まだあまり扱ったことがなく、したがってさほど得意とはいえない商品群というのがひとつ。

もうひとつは、伸びている商品の非常に近いところにありながら、まだ手をつけていない商品群という意味だ。いってみれば「つき」は目の前にあるのだが、自らの力不足から、まだその「つき」に手を出せない状態にいる、そういう商品品目のことである。

これらについても、「伸びているもの」を伸ばして自信をつけながら、くわしく調べ、いっぺん徹底して伸ばしてみる必要があろう。

さて、即時業績向上法の第二は、「自信のあるものを伸ばす」ということである。

自信のないものは、伸ばそうと思っても伸びるものではない。もともと「ダメだ」と思うものは、ほんとうにダメになってしまうというのが「つきの原理」のひとつである。一般に、自信のないことをやっても成功しない確率が高いといわれるのはそのためだ。

自信はキャリアから生まれることも多いが、いくらキャリアがあっても、負けてばかりいたのでは自信につながらない。その意味では、競争に勝ってきたという誇りと、その裏付けとなる強さこそが、自信を生み出していくのだといっていい。

たとえば、上限から下限まで品揃えがよく行きとどいていること、あるいはサービスのよさなどは、競争に勝つための条件になるという意味で、強さの裏付けともなる。

この強さを維持しようと思ったら、そのものを徹底して好きになることだ。人間は、体質に合わないことは不得意である。好きなものでないと上達もしないし興味ももてない。逆に得意なもの、好きなものには、ますます情熱が燃やせるし上達も早くなる。

それが強さや自信に結びついていくのだといっていい。そのかぎりにおいて、自信は自らのなかに育てることができるものなのだ。

したがって、たとえば販売員にも、自分で売りたいもの、好きなものを売ってもらうようにしたほうがいい。それは責任にもつながり、自助の精神をも養う。要するに「好きなもの」が強さを維持させ、自信を生み出していくということだ。自信のあるものは「ついているもの」なのである。

21

効率のよいものを伸ばす

即時業績向上法の第三は、**「効率のよいものを伸ばす」**ということである。これもまた「ついている」もの、あるいは「つく」ものだからだ。

私は、効率のよさが非常に好きである。何事も、効率が悪いよりは効率よく運んだほうがいいし、生まれてきた以上、できるだけ効率よく人間性を向上させたほうがいい。これがたぶん、人間が生まれてきた理由のひとつなのではなかろうか。そもそも船井流経営法そのものも、こうすれば最も効率が上がるというノウハウなのだと考えていただいて間違いではない。

ところで「効率のよいものを伸ばす」ということは、小売業の店頭でいえば、効率のよい商品とつき合うこと、つまり効率のよい商品の売り場や在庫をふやすということである。これがまた業績向上にストレートにつながっていく。

では、効率のよい商品とはどういう商品をいうのだろうか。

第一に、単位面積当たりの売上高が非常に大きい商品のことをいう。

第二に、粗利益高あるいは粗利益率が非常に高いレベルの商品も効率がいい。こういう商品

効率のよいものを探して伸ばす

1. 単位面積当たり売上高大きい
2. 粗利益高、粗利益率がハイレベル
3. 期末に残高を残さない
4. 相当1人当たり売上高、粗利益高大きい
5. 以上のすべての条件を備えたもの

は、当然見切りもないし、値段も通っているわけだから、それなりに強い商品といえるわけである。

なお、こういった効率のよさを見分けるには、もちろんそれだけの数値管理がなされていなければならない。それは、小さな店であれば、コンピュータを使うまでもなく、手計算で十分できることだ。

第三に、たとえばシーズン性のある商品であれば、期末に残高を残さず、きちんと売り切れる商品も効率がいいといえる。その点、せっかくよく売れても、よく残るような商品は効率がよいとはいいきれないだろう。要するに、単位面積当たりの売り上げがいかに大きくても、あるいは粗利益率がいかに高くても、売れ残りが多くてはどうしようもないということだ。

第四に、担当一人当たりの売上高、粗利益高の大きい商品も効率がいい。逆にみれば、これの低い商品は非常に扱いにくい商品群といっていいし、競争に負けている商品群といっても間違いではないだろう。

第五に、これまで見てきた第一から第四までの条件をすべて備えた商品が最も効率がいい。そういう商品を早く探し出し、それをどんどん伸ばすことが即時業績向上法のひとつなのである。

22

一番商品をもて

即時業績向上法の第四は、**「一番商品をもつ」**ということである。一番商品というのは、品揃えが一番ということ、もう少し具体的にいえば、品目別に商圏内で一番品揃えのよい商品をもつことだ、と考えていただいていい。

とくに不特定客を主対象とする店頭販売だけの企業型経営の店は、商圏内での総合一番店になるか、品目別で一番品揃えのよい商品をもっていないと、いまでは経営採算が合わなくなってきているというのが実状である。一番商品がないと、経営は非常に苦しく、安定しにくい。企業の存続すらあやぶまれるくらいだ。

にもかかわらず、一番商品をもつことが利益を生むポイントであり、客志向の最大の決め手だということを見落としている人が意外に多い。客は商品を買うのが目的で小売店に行くのだということ、客は一番商品をもつ店に引きつけられやすいということを、小売店経営者は再認識しなければならないだろう。

その意味で私は、一番商品をもつこと、あるいは商圏内で総合一番店になることをマーケテイングの基本原理と考えている。くり返すようだが、一番商品がひとつでもあれば、客が集まってくるし、商売が繁盛して利益が出はじめるのに対し、二番以下の商品をいくら揃えても、とくに現在のように競争がはげしい時代では、経営成果がほとんど出てこないからだ。

現在、業績が悪い店というのは、この一番商品がひとつもない店と見ていいだろう。あるいは、あってもそれに気がついていない店ということもできよう。

もちろん一番商品は、ひとつよりも二つ、二つよりも三つと、できるだけ数多くもつにこしたことはない。だが、現在それをひとつももたない店は、まず早急に一番商品をひとつつくり、業績向上への足がかりをつかむべきである。

よく「うちは小さい店だから一番商品なんかもてるはずがない」とあきらめている小売店主がいるが、それは早計というものだろう。その場合は、小商圏という最小限の地域で、単品レベルで一番商品というものを考えることもできる。そのなかで考えれば、かならず一番になれる商品は見つかるものだ。小商圏でも単品でも、一番がないよりはましである。

郊外型の店で、紳士服、靴、玩具、書籍などの単品目店が成功しているケースがよく見られるが、これもその扱い品については、商圏内で最も品揃えのよい一番店だからといっていい。

23

まず一点で圧倒的に勝つこと

本来、マーケティングというのは、自分の力相応に一番になれる商品と、商圏と、客層をもつことを基本としなければならない。それが一番づくりの原点であり、出発点である。したがって、力があれば、一番商品をより多くもつこと、より大きな商圏で、より多くの客を対象とした商売を展開することだ。それが競争に勝つためのベストの方法ということになろう。

商売をしていく以上、できるだけマスメリットを追求していくというのが本筋である。できるだけ自分に力をつけてほしいと願うのは、そのためにほかならない。すなわち、力があれば、それだけより大きな商圏で、より多くの客を相手に、より総合化された商品を、一番という条件を満たしながら扱うことができ、マスメリットの追求が可能となるからだ。

だが、自分に力がない場合は、そうはいかない。一番商品がなければ業績がどんどん低下し、生き残っていけなくなるわけだから、一番はどうしてもつくっていかなければならないのだが、その場合、力がなければ、商品をセグメントしたり、商圏をせばめたり、客層を絞り込んだりするしかなくなっていく。

こういう一番は、同じ一番でも比較的値打ちのない一番といっていい。

だが、ないよりはましである。また、このように絞っていけば、かならず一番になる可能性のある商品は見つかっていくものだ。現在、スーパーマーケットは普通一万数千アイテム、コンビニエンスストアでさえ三千数百アイテムも有している。そういったものをすべて比較していけば、どんな店でも地域一番になれる商品は見つけ出せよう。

それは競争相手が力を入れていない商品かもしれない。あるいは需要の小さい商品かもしれない。だが、まずそういうもので圧倒的に勝って一番になっていくことだ。そして自信と力をつけ、そういう一番を着実に積み上げていく。要するに一番商品をひとつから二つ、二つから三つとふやしていくのである。

その場合、最初につくった一番商品と関連性の高い商品から第二、第三の一番候補を見つけ出していくのがいい。商品の関連があれば、当然、客の関連も生じてくるわけだが、それは客の固定化にも結びついていく。

できるだけマスメリットを追求していくことは絶対に必要だが、一番商品がひとつもなければどうしようもない。とりあえず早急に一番商品づくりに取り組んでいただきたい。

24 取引先との関係を全面的に密着化する

一番商品をつくろうと思っても、あるいは売れ筋をいくら数多く揃えようと思っても、仕入先との間に親密さを欠いていたのではうまくいかない。したがって業績を上げるためには、仕入先との関係を全面的に密着化しておくことがどうしても必要になってくる。

一般に問屋やメーカーでは、取引先である小売店を、主力、準主力、その他という三つのランクに分けて評価していることが多い。主力には売れ筋を最優先して卸してくれるし、準主力には出物を優先的に有利な価格で流してくれる。小売店としては、できるだけ仕入先から、主力の取引先として扱われるようになる必要があろう。

では、どうすれば主力としての扱いを受けるようになれるだろうか。それは、かならずしもたくさん仕入れているという関係からだけ生じるものではない。そこには心理的な要素も加わってくる。

仕入先から見た場合、たとえば自分のところをメインの仕入先としているような取引先には、どうしても売れ筋を流したくなるのが人情というものだ。あるいは仕入れに対する熱心さが、仕入先の心をとらえる場合もあろう。逆に、いくら注文をたくさんもらっても、いい商品はあまり出したくないという取引先もある。

第一に、自分も儲け、他人にも儲けてもらうというのではなく、自社だけの利益を追求し、仕入先をいじめたり泣かせたりするような店とは、できるだけつき合いたくないものだし、また、「つきの原理」からいっても、「つき」のない店、「つき」の落ちた店とは、あまりつき合いたくないというのが、仕入先の本音だろうと思う。

たとえば、いま仕入先をいじめて利益を上げている量販店が多いが、これは一時的に無理が通っても、かならず将来に禍根を残すし、しっぺ返しを食うはずである。

やはり、店は客のためにあるという商売の原点を忘れるべきではない。客のいちばん喜ぶ店をつくった企業、商店が最も繁盛する。そのためには、メーカーや卸問屋と上手につき合わなければならないし、そうすることで、仕入先からも喜んでよい商品を供給してもらわなければならない。

それには、小売店の社長と仕入先社長との強力な関係づくりも必要となろう。トップ同士の話し合いが最も効果的で近道かもしれない。ともあれ取引先との全面的な密着化は、いまどうしても必要である。

25 圧縮付加法を実施してみよう

店頭を絶えず売れ筋商品で埋めておけば、当然効率も上がるし、売り上げも利益も上がってくる。ただし、その場合、仕入先からただ売れ筋商品を仕入れてくればそれですむ、というものでもない。店側としての、それを受ける体制づくり、あるいは売り場づくりも当然必要になってこよう。いわば売れ筋の品揃え法が必要になってくるわけだが、そのときに最も効果的な方法として、いま注目されているのが圧縮付加法である。これは、業績をさらに一層向上させるためだけに必要なノウハウではない。成績が悪化し、「つき」が落ちてきたとき、再び「つく状態」を取り戻すためには、とくに欠かせない重要な方法なのである。

この方法のいいところは、店舗のリニューアルなどとはちがい、現状のままで、すぐに取りかかれるという点だ。要するに、商品も変えず、人も変えない。とりあえず、これまでの売り場スペースをグッと圧縮するところからはじまるのである。そうすれば単位面積当たりの商品も販売員も、これまでよりはずうっと詰まった状態が演出されよう。質量感が生まれ、密度も高くなっていく。お客は、とくに女性客の場合は、商品密度の高い店が好きである。しかも、

圧縮し付加する

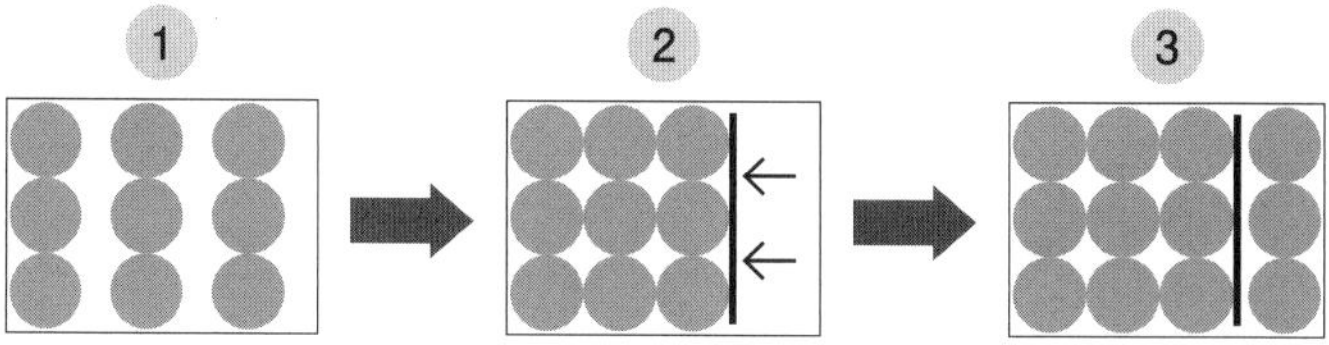

小売店での買い物客の七〇％以上は女性だ。とすれば、売り場スペースを圧縮し、商品密度を高めない手はない。

たとえば、一〇〇平方メートルの売り場をもつ店であったら、商品アイテムも販売員の数も、そっくりそのまま六〇平方メートルの売り場に詰め込んでしまう。そうすると、四〇平方メートルの空所ができたうえに、売り場面積も六〇％に圧縮されることになるわけだが、にもかかわらず、売り上げは間違いなく二〇％ぐらいは上がっていく。ここが商売の不思議なところだ。商品密度がいかに大切かの証明でもあろう。

では、圧縮したことによって生じた空所をどうするか。圧縮して成功し、力をつけたら、次に空いているスペースを利用して、そこに新しい商品を付加していくのである。

このように圧縮することによって、さらに売れ筋の品目数をふやしていくことを**「圧縮付加法」**という。それまでの商品在庫との相乗効果も生まれ、売り上げ向上に一層拍車がかかっていくことは間違いない。

これは、これまで失敗知らずのノウハウである。「つく状態」を取り戻すために、業績向上への特効薬として、ぜひ一度これを実施してみていただきたい。

26

次者包囲法

即時業績向上法として、圧縮付加法とともに重視されなければならないのが**「次者包囲法」**である。はげしい競争のなかにあって、とりあえず業績悪化傾向に歯止めをかけ、苦境を抜け出すためには、自分より強い者に攻撃をしかけていくべきではない。業績を上げるためには、まず何かで勝つことが大事だが、自分より強者に対してまともに体当たりしても、決して勝てるものではないからだ。これは、競争法としては最も下手な方法である。

まず勝つためには、勝てる相手を選ぶこと、すなわち自分より弱い者としか、たたかわないことである。これならまず負けることはない。しかも、自分のすぐ足下の競合店を包み込んでしまうのが、最も上手なたたかい方といえよう。これを「次者包囲法」という。

もちろん、自社にとっての競争目標は、あくまでも目の上の強者である。だが最初から強者と争えば、相手から簡単にひねりつぶされてしまうだけだろう。自滅と同じことだ。そこで、まず強者と対抗できるだけの力をつけなければならないわけだが、そのためには、競争目標とは別に、当面の攻撃目標を自社のすぐ足下の弱者に定め、これを包み込んでしまうのである。

超一番への道

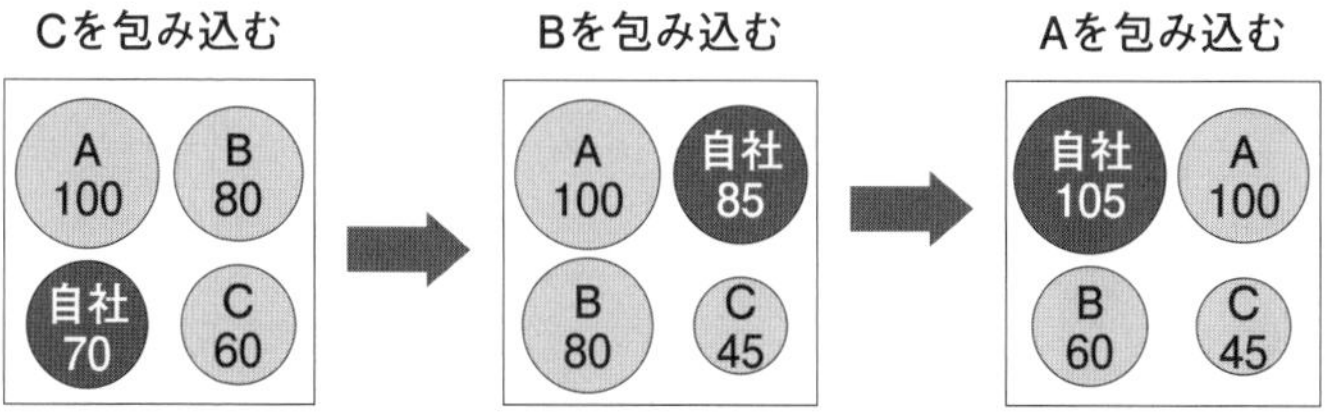

たとえば、自社の商圏内に、ABCという三軒の競合店があるとしよう。それぞれの力が、A＝一〇〇、B＝八〇、C＝六〇、そして自社＝七〇であった場合、自社の当面の攻撃目標は、足下の弱者であるC店ということになる。そこでまず、C店を攻撃し、その売り上げを一五ぐらい奪ってくる。つまり、C＝四五、自社＝八五の力にしようというわけだ。

自社＝八五になると、足下の弱者はB店に変わってくる。そこで次にB店を攻撃し、Bの八〇を六〇に下げ、自社＝一〇五に上昇させるのである。そうなった段階でA店を徹底的に叩けば、自社を超一番店に押し上げることも可能となろう。

このように、足下の弱者と競争して実績を上げ、自信と力をつけて自らを強者にし、最終的に最強者になっていくこと、これが強者へのプロセスであり、競争のひとつの原則なのである。この原則は、かつて「弱い者いじめの法則」といわれていたものだが、「強きをくじき、弱きを助ける」ことに喝《かっ》采《さい》をおくりたがる日本人の美意識と心情に、この呼び名は合わない。したがって、「次者包囲法」としたわけだが、呼び名がどうあれ、これが現実の競争社会を支配する競合原則であることに変わりはない。

27

トップが強気になり率先して引っ張る

組織体には、企業とちがって、トップが誰でもいいような組織体もある。保護され、競争がなく、安定性の高い組織体のことだ。

また、企業の場合でも、将来が読め、順風満帆で伸びているようなときは、トップがさほど頑張らなくても、あるいは部下に任せていても、あまり経営に支障をきたすことはないだろう。

だが、どのような組織体であれ、また、それがどのような状態であれ、トップに優秀な人を得れば、組織体は一挙に発展する。その意味で組織体というものは、そのトップ一人で九九％決まるといっても過言ではない。ましてや現在は、先行きの読みにくい非常時である。それに、即時業績向上法を採ろうとするからには、現在がついている状態にないということを意味している。

そのようなときだからこそ、なおのことトップは強気になり、率先して組織体を引っ張っていかなければならない。そういうリーダーシップの発揮こそが重要なのである。

その場合、トップは、従業員に対して「支配者」になるのではなく、愛情の溢れた「指導者」

にならなければならない。指導者というのは、自分よりも従業員のことを優先して配慮し、意思決定をしたり、物事に対応したりする人のことであり、支配者というのは、その逆の態度をとる人のことである。支配者になれば、従業員は必ず逃げ出しはじめるだろう。

たとえば、トップは率先して自分から現場を回らなければならない。たくさんの店を経営していても、そのすべての店を回るべきである。現場に直に肌でふれれば、勘も養えるし、的確な指示もできるようになろう。

その場合、業績のいい店、業績のいい部署から回るよりも、悪い店、悪い部署から回ったほうがいい。そして、あら捜しをするのではなく、「ご苦労さん、苦労をかけるね」と声をかけ、業績が上がらずに落ち込んでいる気持ちを、前向きに明るく切りかえていくように仕向けるべきである。それもまた、従業員に対する愛情というものだ。

トップは、従業員に不安を与えたり、実際に路頭に迷わせたりしてはならない。それは最低の経営者である。したがって、そうならないためには、トップ自らが強気になり、率先して経営体全体を引っ張っていかなければならない。

それには、トップが大きな夢、大きな目標、強い挑戦力、実行力をもつことだ。それがつきをつける原動力であり、即時業績向上法の原点でもある。

28 積極的な客志向は強気から生まれる

経営者が強気になり、率先して働くことは、いろいろな意味でメリットが生まれる要因となる。

まず第一に、現在は供給過剰で物余りの時代である。経営環境が悪化し、競争が激化してきている現状は誰にも否定できないだろう。このような時代になると、客は少しでも客志向してくれる店に集中するようになってくる。ということは、競争相手よりも客志向していかなければ、競争には勝てないということだ。では、弱気の経営で客を喜ばせることができるだろうか。否である。本当の客志向は強気でなければできるものではない。

経営者は一般に、経営環境が悪化してくると、徹底的に強気型で客志向し、売り上げを上げようとするタイプと、弱気型で経費や在庫を減らし、売り上げを落としてでも利益を出そうとするタイプの二つに分かれてくるようだが、前者のようなタイプの店や企業の場合は、客が集中し、経費がかさむかわりに、それ以上に売り上げが上がり、利益も出るのに対し、後者のような場合は、売り上げが低下するだけではなく、利益まで減少し、やがては企業も店も消滅せざるをえなくなってしまう。

なぜそうなるのか。それは積極的な客志向こそが利益の根元であるという大原則、すなわち「競争が激しくなればなるほど、最も客志向した店や企業に客が集中し、そこだけが売り上げも利益も上昇させることができる」という競争の原理がそこに働くからだ。

逆に、とくに現在のような競争激化の時代には、弱気は即、経営業績の悪化をもたらす。弱気の経営では客を喜ばせることはできないし、そういう店には客が寄りつかなくなってくるからだ。

人間は、前向きで強気になると、周辺も、そのように動いていくものだし、逆に後ろ向きで弱気になると、やはりそのとおりに停滞し、悪くなっていくものである。経営者は、その意味でも強気になり、率先して働いていかなければならない。それもまた、天地自然の理というものであろう。

強気に、積極的に客志向し、客を喜ばせ、客に利益を与えることによって、自らも利益を生み出していく。客志向を忘れた店や企業は、歌を忘れたカナリヤに等しい。商売は客のためにあるのだという経営の原点を忘れず、強気の経営に転じてほしい。それは必ず業績向上へと道を開いていくはずだ。そこに、トップの強気経営の第一のメリットがある。

29 従業員のやる気を引き出す

トップが強気になり、率先して頑張ることによって生まれる第二のメリットは、そのことによって、従業員のやる気を引き出せるという点にあらわれる。

即時業績向上法の重要なポイントのひとつは、トップ、従業員一体となった、全体のやる気にほかならない。もちろんそれは、自信の付加＝プラス発想を伴ったものでなければならないだろう。

要するに、従業員が「自ら前向きに、大きな夢をもてる」ようにしなければならないわけだが、そのためには、①トップが強気になって率先して働く、②第一線の人たちを経営に参加させる、③認め、評価し、やる気にさせるような仕組みをとりあえずつくる、という三つのことが大事になってくるということだ。

また、それと同時に、学び、働くことの意義を従業員におぼえてもらうことも必要である。他人より、よく学び、よく働いた者が結局のところ幸せになり、成功し、運やつきもよくなっていく。これもまた天地自然の理というものだろう。

競争に勝ち抜いていくためには、競争相手にくらべ、常に客志向においてまさっていなければならない。すなわち、品揃え、接客態度、客との一体化、密着化、商品知識などにおいて、相手よりもすぐれていることが大きな決め手になってくる。だが、そうなるためには、従業員にそもそものやる気がなければどうしようもない。

業績を悪化させていた企業が、一転して好成績化したような事例をこれまで数多く見てきているが、そこに共通する原因のひとつは、人間性尊重の経営への転化と、従業員の意識改革によるやる気の引き出しの成功といっていい。

つまり、経営者が率先して頑張り、そのなかで従業員を大事にしていけば、①従業員と経営者の一体感がもり上がり、②従業員のやる気を起こさせ、③しつけや態度をよくし、④業績も上がっていく、のである。もう少しくわしくいえば、業績をよくするには、経営者は従業員を大事にし、信じ、同時にきびしく教育しなければならない、ということであり、またきびしく教育するとは、従業員に人と自分の大事さを自覚させ、やる気を引き出してやることだ、ということになろう。さらに、従業員を大事にするとは、仕事を通じ、従業員の力を最も助長できるような場とシステムを提供することだ、といいかえることもできるが、いずれにせよ、それらはまず、トップの率先したやる気にかかっているといっていいだろう。

30 全員経営のすすめ

従業員の力を最も助長できるような場とシステムを提供すること――それが従業員を大事にすることだと前項に書いたが、それは具体的にどういうことを指すのだろうか。

人間は誰でも、自分に力をつけたいと願っているものである。だが、力は何もせず黙っていてもつくわけではない。そのためには、絶えず自分に対し、①クリエート、②決断、③責任、の三点を課している必要がある。

これはなかなかむずかしいことだ。とくに、他からの強制の下では、それに対する拒絶反応が先に立ってしまうだろう。したがって、以上の三点を自らに課すためには、それなりの条件が必要になってくる。独立、自由、参加という三条件だ。逆にいえば、これらの三条件がなければ、人間はなかなかクリエート、決断、責任の三点を自らに課すことができにくいのである。

ところで、この独立、自由、参加の三条件を充足させながら、自らにクリエート、決断、責任の三つを課し、力をつけさせる方法が、ここでのべる全員経営法である。これは、従業員に力をつけさせるだけではなく、やる気を出させる最高のノウハウといっていい。

従業員の力を引き出す全員経営法

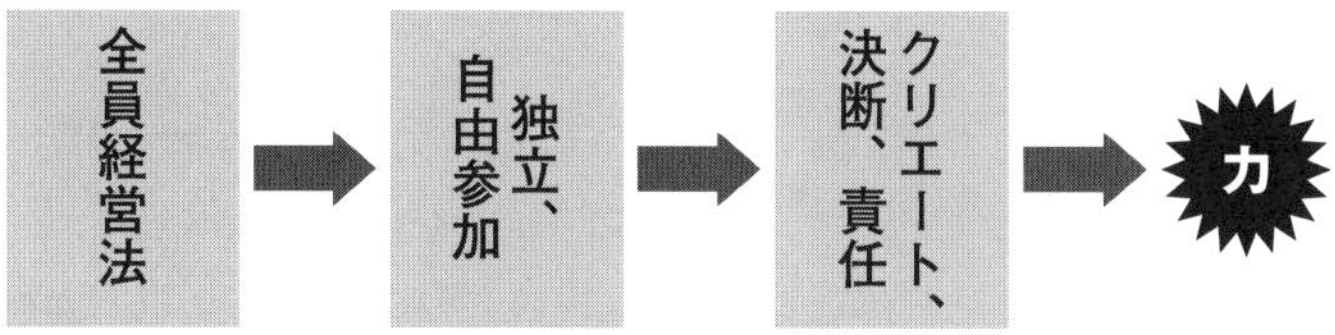

いま業績を伸ばしている企業の多くは、だいたいにおいて、この衆知結集による全員経営法を行っていると考えてまちがいない。それは、全社員が何らかのかたちで経営に参加し、自らの意見を提案し、しかも、その提案のほとんどすべてが採用されるというシステムのことをいう。

人間は、自分の意見を提案することで、計画なり、経営なりに参加したときのほうが、そうでないときの数倍の実行能力を発揮するものだといわれている。したがって、提案はどんどんしてもらうべきだが、ここにむずかしい問題がないわけではない。提案は企業体にとってプラスになるものでなければ採用しにくいし、だからといって、採用されないケースが多くなると、全員経営にとって逆にマイナスの結果を招く恐れがあるからだ。

ではどうするか。まず、人間とは何か、仕事とは何か、経営とは何か、などについて、従業員を教育することからはじめるのである。その結果、全従業員にほんとうの意味での自信がついたら、そのうえで大いに提案してもらう。そうすれば誰もが喜んで提案するようになるし、それも一〇〇%採用できるものとなろう。そういう活気のなかから、ますますやる気が醸成され、全員経営が確立していくのである。

31 販売員の仕入参加法

人間は、自らを非人間化されたときに最も自意識を傷つけられるが、反対に人間性が尊重され、心理的な満足が得られたときには、とてつもないエネルギーを発揮することがある。たとえば、各自が独立しながら組織のなかに参加するという、いわゆる独立と参加の意識が充足されたときに、従業員に〝やる気〟が生まれてきたりするのもそのためだ。

この〝やる気〟の問題を小売業の現場に置きかえて、もう少し考えてみることにしよう。

一般に、客の欲しがるもの、すなわち売れる商品のことをいちばんよく知っているのは、店のなかでは、客に最も近い立場にいる販売員のはずである。常識的にはそういうことになろう。だが現実には、仕入係や、あるいは仕入れも販売もしない店主のほうが、販売員よりも何が売れるかをよく知っているような店が多いのはどういうわけだろうか。これは、主に新入社員や力のない人たちを販売員にし、やがて経験を積んで力がついてくると、販売係をやめさせて仕入係に回すといったような、仕入れと販売を完全に分離してしまうシステムの悪さに原因があるといっていい。

本来、競争が激しいほど、客に最も近い人が商品仕入れをし、その人が売るのが小売業経営の最も上手な方法のはずである。したがって少なくとも、売り場面積が五〇〇平方メートル、販売員の数がせいぜい二〇人ぐらいのクラスの店では、販売員全員が仕入担当者になるべきだろう。そして、店主または店長を中心にトップダウン型の組織をつくり、お互いに助け合いながら、仕入れも販売も共同責任で行うのがいい。

もちろん、ひとつの店の売り場面積が何千平方メートルもあるような大型店の場合は、組織的に動く必要性があり、機能分化を行わざるをえなかったり、他部門との関連が問題になったりして、販売員全員の仕入係制度は、事実上かなりむずかしいといえるが、しかしこの場合でも結局、販売員が決め手なのだから、販売員の担当商品中、少なくとも二〇%は、販売員の得意なものを中心に仕入れに参加させるという方法をとるべきだと思われる。要するに、販売員の全員仕入係制度というのではなく、「販売員の仕入参加制度」こそが必要になってくるということだ。

こういったことは、販売員のやる気にも大いに結びついていく。現在の企業経営にどうしても必要なものは、従業員によるこのようなやる気である。それなしには、即時業績向上はとても望めない。

32 客の特定化、固定化、客密着の強化

販売員の仕入れ参加は、客密着強化へのひとつの方法でもある。これからの商売を考えるとき、おそらく最も賢明で効率的な方法は、客や取引先に人間的に密着し、それを特定化、固定化してしまうことだろう。

客の特定化、固定化とは、わかりやすくいえば、その小売店で売っている商品、扱っている商品については、よほどのことがないかぎり他店へは買いに行かないような客づくりを目指すことである。

最近の小売業界では、こういった特定客対象商法が急速に増えてきているが、競争が一段と激化してきた現状を考えれば、これも当然のことといえよう。また、コンピュータやカードシステムの発達が、客への個別対応、特定客化を、システムとして容易に可能にしている状況も、それを促す一因となっているといっていい。

こういった客の特定化、固定化システムは、マス販売システムよりも、はるかに高効率の実績を上げはじめてきている。どちらのシステムがより人間性にマッチしているかを見れば、そ

の理由はあらためて考えるまでもない。

不特定客相手に、店内に陳列してある商品のなかから、気に入ったものを買ってもらうという売り方、できるだけ客を固定化、特定化したくないといったような、セルフ販売主体の量販店のような売り方では、かりに一日に何十万人の客が、現在ひとつの大手量販店企業の店に来てくれているとしても、一人の客も固定化、特定化できないし、もしその間に競合他店が客を特定化、固定化していけば、やがて全く競合力をもてなくなり、そういった競合他店につぎつぎと客をとられていくことになってしまうだろう。

要するに、特定客対象商法と不特定客対象商法が同じ土俵上で競合すれば、前者のほうが圧倒的に有利であり、後者のほうが圧倒的に不利なのである。

最近、いわゆる無店舗商法が急速成長中だが、それはこの無店舗販売が、あくまでも特定の会員客を相手に、その客の欲するあらゆる商品、サービス、情報などの提供を目指す、顧客全面対応型の小売業態だからといっていい。

客の特定化、固定化は、品揃えや売り場面積での劣勢を跳ね返すだけの力をもっている。

33 集中主義とその応用

ところで、競争に勝つためには、それなりの条件が必要である。集中主義もそのひとつだ。ある期間、ある地域において集中的に力を発揮することを集中主義というわけだが、この集中主義は、やり方によって大変な力を発揮する。

たとえば、企業経営の考え方のひとつに、**「利益のためには集中を」**という原則がある。それは、集中こそが利益を生み、勝利につながるということからくる一種の経験則なのだといえよう。とくに、ものごとを短期間で達成させようとする場合、この集中のもつ意義は非常に大きい。

この集中主義は、いろいろな方面に応用できる。小売業でいえば、ある期間、狙い定めた単品を一定の店舗スペースに詰め込み、集中的に売って、前年対比の売り上げを急激にアップさせ、一気に「つく状態」にもっていく売り方などがそのひとつだ。

あるいは、開店セールなどで、まず集中的に圧倒的に勝っておく「緒戦圧勝法」や、セレモニーを上手に利用し、その間に狙い定めた単品を集中的に売る「セレモニー利用法」なども、その応用といっていい。もちろん、一定の単品だけを売ることが、ここでの目的なのではない。それをひとつの目玉にし、他の商品へも客の関心が向くような品揃えをすることが大事なのである。

催事の企画なども同様だ。ある意味では、催事の企画はいろいろなところ、いろいろな機会に見いだせる。とくに、チャンスには徹底的に催事を行うべきだろう。たとえば、競合店の出店などは、逆にチャンスととらえ、「開店おめでとうセール」を第一弾から第一〇弾ぐらいまで、徹底的に打つぐらいの心がまえがほしい。これもひとつの集中主義である。

このような集中主義を展開するには、ひとつの売り場、ひとつの商品の担当部門だけではなく、全社員の協力、社員間の団結心が必要不可欠となろう。衆知結集の全員経営のメリットが、こういうときに発揮される。また、セレモニーや催事を企画しなければならないということで、絶えずアイデアを考えていなければならないし、すべてに好奇心をもっていなければならない。

社員の人間性は、以上のようなことをとおして明るくなっていく。つきの条件に合致した人間的要素が芽生えてくるからだ。

短期間に業績を上げるためには、こういった集中化が必要なのである。これはそのための、いわば弱者の立場からの戦略のひとつなのだといっていい。

34 主力、準主力、その他商品の意味と、その割合

ある商品を集中的に売るということは、商圏内一番商品づくりと結びついていく。
ここで、商品を、①主力、②準主力、③その他商品、の三つに分けて考えてみよう。

① **主力**＝競合市場のなかで、競争相手にくらべて絶対的に強いもの、つまり絶対的に一番をキープできる商品

② **準主力**＝競合市場のなかで、競争相手にくらべて絶対的に強くなれる可能性のある商品、つまり一番になれる可能性のある、一番に次ぐ商品

③ **その他商品**＝一番になれる可能性はいまのところないが、主力、準主力に付随して扱うことでプラスに貢献できる商品

ということになる。品揃えのコツは、商品を以上の三つにまず大きく分けることからはじまるわけだが、もちろん、ただ分けるだけではあまり意味がない。ここでは、その割合が問題となろう。商売の経験則は、品揃えの割合として、品目数でいえば主力を一とした場合、準主力は二〜四、その他商品は八〜二〇ぐらいもつことが成功の条件だとわれわれに教えている。決

主力、準主力、その他商品の割合

して主力だけを扱えとは教えていない。主力だけを扱うことは、結局、客数を減らし、商売を不安定化させてしまうことにつながるからだ。

　競争社会においては、多様化、総合化こそが商売の発展を保証する。そのなかで主力を増やしていく方向を考えなければならないわけだが、主力に次ぐ準主力を扱わなければならない理由、あるいは、その他商品を扱わなければならない理由は、そういうところにある。商品品目をカットすることは決して得策とはいえない。

　ただし、即時業績向上法の一環として商圏内一番商品づくりを考える場合、いま自店で最も売れている商品を一番にすることがポイントになるわけだが、具体的には、最も売れている商品の売り場面積を現在の一・五倍に、その商品在庫を二倍にすることだと考えていただきたい。そして、このような一番商品（主力商品）を一〇坪で一品目、二〇坪で二品目、三〇坪で三品目、という割合でつくっていくことなのである。

　また、一番商品に次ぐ商品（準主力）については、売り場面積を現在の一・二倍、商品在庫を一・五倍にするようにもっていくことだ。それがこの場合の割合なのだと考えていただきたい。

35 バランスをよくする

即時業績向上法のひとつとして、バランスをよくするという点も忘れてはならない。

その第一は、店のバランスをよくするということである。それは、客の立場から、店の居心地をよくすることだといいかえてもいい。そのポイントは、これまで本章でのべてきたすべてをよくすることだということもできよう。すなわち、

①「つきの原理」を応用し、ついているものを伸ばすようにする。

②売り場づくりにおいては「圧縮付加法」を基本とし、ボリューム感を出すとともに、常に「何を付加できるか」を考えておくようにする。

③店も、売りたい商品も、客から見てすぐわかるよう、常に目立つようにする。

④店の相、社員の相をよくする。

⑤接客態度を含め、全体の雰囲気を明るく、温かくする。

などなどである。以上のような条件を備えた店が、客にとって最もバランスのとれた、居心地のよい店ということになろう。したがって、業績を向上させたいと思ったら、以上の条件の

うち、不満足な点があれば、積極的に是正していくべきだ。そういう発想が何よりも根底になければならない。前項でのべた主力、準主力、その他商品の割合も、品揃えにおけるバランス中心の発想からきていることはいうまでもないだろう。

一般に経営において、「バランス」という場合、財務戦略上のバランスをいうことが多い。すなわち、適正な経営効率を保っている状態を称して、バランスのとれた状態というわけである。

経営効率を分析する諸指標としては、重要なものとして、①総資本経常利益率、②使用総資本純益率、③自己資本比率、④流動比率、⑤粗利益率、⑥商品回転率、⑦売上高対金利比率、⑧従業員一人当たり粗利益高、⑨売上高対経常利益率、⑩労働分配率、⑪交差比率、などがあげられるが、バランスのよさは、以上のような経営諸指標によって示される。

財務戦略上のバランスのよさは、たまたま異常時での例外はあれ、それがすぐ常態に戻れるような方策を確立しておくことから生じるといっていい。そしてその諸指標の多くは、先にのべた店のバランスをよくすることによって改善され、全体のバランスが保たれるようになっていくのである。

36 スピーディな実行力を

本章の最後に、ものごとへのスピーディな対応、あるいはスピーディな実行力について言及しておかなければならない。

一般に、よい会社には、スピーディに変化に対応でき、よいことが実行でき、悪いことがすぐやめられるという特性がある。それを社風としてもっているのである。

このような社風をつくるには、**①トップの明快な経営哲学**、**②鮮やかな目標とリーダーシップ**、**③単純な組織**、**④必要最小限の管理**、**⑤活発な衆知結集**、の五つの条件が達成されていることが重要である。そのほうが、スピーディに変化に対応できる社風をつくりやすい。そして、こうしてできた社風が、よいクセづくりをし、よい習慣をつけ、スピーディな実行力を促すのだといえる。大事なことにはスピーディに対応できなければならない。ところが、ダメになる会社には、これが社風としてないのである。たとえば、よい店を紹介しても、よほどのついででもないと訪問しようともしない。やる気がないのではないか、と勘ぐりたくなるくらいだが、こういうところが結構多いのである。

大事なことにスピーディに対応できる社風づくりの条件

1 トップの明快な経営哲学
2 鮮やかな目標とリーダーシップ
3 単純な組織
4 必要最小限の管理
5 活発な衆知結集

これに対して、伸びる会社には、よいと思うことにはすぐに対応できるスピーディな実行力が社風としてある。社風というのは、会社にある習慣やクセなどが総合してかもし出される雰囲気のようなものだが、業績の大半は、この社風によって決まるといっても過言ではない。

たとえば、かつてダイエー（現・イオングループ）が大変な勢いで伸びつづけたのは、中内社長が、大事なことは夜中であっても即座に命令し、それが翌日、即実行されるという社風があったからである。

これが、ダイエーが伸びたひとつの原因といっていい。

そごうもそうだ。大事なことになると、水島社長は夜中の二時でも三時でも重役の家に電話される。社長からの電話なので、夜中だからといって重役はまさか怒るわけにもいかない。しかも社長からの指示は、確実に即刻実行に移される。それがひとつの社風になっているのである。

大きい企業にしてそうなのだから、小さい企業はもっとそうならなければ対抗できないはずだ。即時業績向上法といっても、実行力がともなわなければ何もはじまらない。スピーディな実行力。それは何事を実践していく場合でも、最も根元的なひとつの力である。

第3章

非常時への対応

37

物が余る

いま、わが国の小売業は、ものすごい変化の時代を迎えている。しかも変化は、かなり急速である。小売業が変わるということは、流通業全体が様変わりするということだ。

変化をもたらす要因は、大きく分けて二つ考えられるが、そのひとつは「物余り」という現象に求められよう。この点をまず頭に入れておいていただきたい。

物が余るのは、国内の技術革新によって、どんどん物が生産され、供給過剰になるからだけではない。

最近では、これにNIESや開発途上国などによる追い上げが原因として加わるようになってきている。これらの諸国では、ある程度まで生活レベルを上げていこうと思えば、現在よりも工業化を押し進めていく以外に方法がない。工業化するということは、工業製品をつくるということだ。これがどんどん、しかも安く生産される。

たとえば、お隣の韓国を見てみよう。韓国とわが国とのちがいのひとつは、人件費の差だ。韓国最大の企業グループである三星グループを例にとってみても、高校卒の従業員の初任給が月一五万ウォンであるという。日本円に直すと、約二万七〇〇〇円。しかも、彼らの労働時間は、わが国のそれよりも平均して一日に一時間も多い。

韓国とわが国との、もうひとつの大きな差は、その地価に見られる。たとえばソウルの人口は約一〇〇〇万人で、東京とほぼ同じだが、その中心部の地価は、東京の銀座が坪一億円を越えるのに対し、一五〇〇万ウォン、すなわち約二七〇万円という安さである。

一番高い土地で坪二七〇万円。給料が高卒で月二万七〇〇〇円。このように土地が安く、給料が安ければ、かつての日本と同じで、非常に国際競争力が強くなる。

こういう国のこういう人たちと日本は競争していかなければならない。おそらく、こういう人たちが一生懸命になってつくったものが、その安さの魅力も手伝って、今後ますます日本に入ってくるようになるだろう。当然、物はますます余っていくにちがいない。

では、物がいまより余るようになったら、どうなるだろうか。

物が余るようになれば、そのことから、次項以下にのべるような三つの大きな変化が生まれてくるだろうと考えられる。

それは何か。

38 本物の流通革命の時代がやってくる

物が余るようになれば、そのことから必然的にいくつかの大きな変化が生まれてこよう。まず第一に、本物の流通革命の時代がやってくる。

「本物の」というのは、かつて昭和三十七年に、東大の林周二さんをはじめ、多くの学者やコンサルタントたちによって、流通革命論が唱えられたことがあり、にもかかわらず、ついに流通革命が日本には起こらなかった経緯があるからだ。

ここで、当時の流通革命論をちょっと振り返ってみよう。

物が生産されてから消費者の手もとに届くまでには、メーカー、卸、小売、消費者の四段階があるわけだが、卸と小売の業界を流通業としたら、昭和三十七年の段階では、この業界に約六〇〇〇万人の人が従事していた。これは人数として多すぎる。本来、一億人の日本人にムリ・ムダ・ムラなく、消費財を提供するとしたら、欧米の例から見ても三〇〇〇万人で十分だ。余った三〇〇〇万人分だけ余分に経費がかかるし、付加価値も取らなければならず、その分だけメーカーに悪い商品をつくらせ、消費者に高く売りつけなければならない。

したがって、流通業界の六〇〇万人を三〇〇万人に減らすのが正しいし、必ずそうなるだろう——というのが当時の流通革命論の基本的な論点であった。

だが、その後どういうわけか、流通業界の六〇〇万人は三〇〇万人に減るどころか、逆に一二〇〇万人に増えつづけた。つまり流通革命は起こらなかったのである。

わが国の場合、第一次産業人口が減った分だけ第三次産業人口が増えたといっていい。流通業界は、いわば失業の緩衝地帯としての役割を果たしてきたことになろう。

だが、最近になって、これが急に変わり出し、増えつづけた流通業界の人口も、昭和五十七年をピークに、ついに減少傾向を見せるようになってきたのである。

まず、小売業界を見てみよう。昭和六十年度の商業統計によると、わが国の小売店の数は一六二万八六二〇店。そのうち従業員四人以下の店が約一三五万店で、全体の八二・八%の多きに達している。いまこの種の小型商店がバタバタ閉業しているが、全国的に見て、こういう零細小売店のほとんどは、後に見るようなニューリテイラー時代に対応できず、おそらく消滅していかざるをえなくなるだろう。これが、本物の流通革命がやってくるだろうと思われる第一の根拠である。

39

物余り時代の卸売業は儲からない

零細小売店につづいて、卸売業もこのままでは消えていかざるをえないだろう。小型商店の閉業などによる影響も大きいが、全体的に見て儲からなくなってきたからだ。いまのようなかたちでは、問屋の存立はむずかしい。

二年ほど前の話である。東京の新橋に本店をもつ有名な牛舌《タン》料理屋の社長が、どうしても牛舌の卸をやりたいという相談をもって私を訪ねてきた。というのは、この店では日本ハムや伊藤ハムとタイアップしているので、世界中から牛の舌が入ってくる。おかげで東京周辺に直営店が何十店かできた。ところが供給能力はいくらでもある。したがって関東地方は直営店でやっていくが、それ以外の地域には小売店に卸したい。ひとつ世話をしてくれないか、というのである。

私は、即座に「そんなつまらないことはやめなさい」とアドバイスした。どんな有名ブランドでも、またどんなに大きな設備をもっているメーカーでも、物が余っている以上、小売店に頭を下げて売りに行かなければならず、結局、主導権がとれずに、小売店のいうままになり、赤字になってしまう、したがって、頭のいい人は、主導権のとれないようなことはやらないし、卸にも手を広げるべきではない、というのがその理由である。

——以上のような私の説明で、牛舌料理店の社長も納得し、卸への進出を断念した。それでよかったのである。

そうでなくとも、先にも書いたように、問屋は小売店にいじめられ、その存立さえあやぶまれるようになってきているというのが現状である。事実、量販店の決算書を見ると、笑い話としていわれることに利益の多いところほど問屋いじめのうまいところが多いのだという笑えない話まである。仕入先をいじめるのがうまければ利益が出るわけで、問屋いじめがもろに利益に反映しているといえるかも知れない。

とことんいじめられて、問屋はやがて消滅していかざるをえなくなっていくだろう。そこで私は、とくに中堅以上の量販店の社長にいうのである。このままでは一〇年もすれば、問屋はやっていけなくなるだろうし、そうなればあなた方の利益も終わりになる、と。

では、こういう状況のなかで、問屋は、いったいどこへ逃げ道を求めていくだろうか。おそらく、商品が安く先に入るという利点を生かし、ディスカウンターなどの小売業に進出していくことになるだろう。そうならざるをえない。こうして、日本の流通業界には大きな変化が生まれてくる。要するに、本物の流通革命の時代がやってくるということだ。

40 物より客（客の特定化）の時代

物が余るようになるとまた、物よりも客の時代へという動きが急速に芽生えてくる。これが、いわば物余り時代にあらわれる第二の変化だが、これを客の特定化の時代といいかえてもいい。

本来、商売というのは、客に物を売ることである。

したがって、店というものを考えた場合、客に好まれる商品をより多く集めることの上手な店、品揃え一番の店が勝つのが当然といえよう。陳列やレイアウトはどうでもいいとはいわないけれども、これだけではほとんど効果は上がらない。店の成績を上げるためには、商品力、品揃え力が全体の七割を占める。これがひとつの原則である。

だが、それよりももっと効果が上がるのは、これからは客なのだといっていい。客こそが財産である。しかも不特定客ではなく、特定客をいかにつかむか、ということが重要なのである。

もちろん、客を増やすことが商売のコツのひとつであることはいうまでもない。

もっと具体的にいえば、これまでのなじみ客を固定化しておきながら、新しい客を増やし、しかもこの新しい客も固定化していくことが商売のひとつのコツなのである。このように、客を特定化、固定化、組織化してしまうこと。これが、これからの商売を考える場合、おそらく最も賢明で効率的な方法になってきたということだ。

現実に、いま特定客対象商法が急速に増えつつあるのは、そのほうが非常に効率的だということに多くの人たちが気づいてきた証拠といっていい。

もちろんコンピュータやカードシステムの進歩が特定客化をシステムとして可能にしてきたひとつの大きな要因であることはいうまでもないが、その結果、特定客化が固定客化につながる最短距離だということ、特定客対象商法と不特定客対象商法が同一土俵上で戦えば、前者のほうが圧倒的に有利だということに気がついてきたのである。

たとえば、いま丸井が大変な業績を上げているのは、カードシステムで客を特定化しているところに大きな原因があると考えていいだろう。

このように、客の特定化への動きがいま急速に出てきているが、このような流れを見ていると、量販店やコンビニエンスストアのような、不特定客だけを対象とする商法は、やがて近い将来、大きな曲がり角にさしかかるだろうということがわかってくる。

41 客の特定化の推移とその予測

前項にも示したように、特定客対象の商売のほうが、不特定客対象の商売よりも、はるかに有利である。このことを非常に上手に利用し、システム化したのが丸井の商法といっていい。丸井の商法は、「かけ売り」「クレジット販売」という手法で、不特定多数客を特定多数客化してしまうだけではなく、とくに若い世代をいやおうなく特定客化する優れたシステムを有している。

おそらく丸井で何回か購入すると、他店には行けなくなるくらいに、経済的な面、心理的な面、商品的な面でみごとにシステム化されており、その点では、いまのところ、これに追随できる店はほかにないと断言していい。

ところで、客を特定化するこのような動きは、いま小売業のいろいろな分野で、いろいろな形態をとりながら進行している。丸井の場合は、その最も優れたひとつの例なのである。

たとえば、ストアレス販売、キャッシュレス販売、予約販売などが、現在、急速に台頭しつつあるが、これらは客の特定化が前提になければ成り立つものではない。

小売業には、近代的小売業と近未来的小売業とがある。近代的小売業とは、不特定客を対象とした、店売り、現金売り中心の、現在、主流になっている小売業であり、近未来的な小売業とは、特定客を対象に、ストアレスで、キャッシュレスで、なるべく予約をして買ってもらうという小売業のことをいう。

いまの段階でみると、小売総販売額に占める割合は、全体の九〇%が近代的小売業による売り上げであり、近未来的小売業による売り上げは、まだ一〇%ぐらいにしか達していない。が、ストアレスやキャッシュレスというものは、それがうまくシステム化されれば、大きな強さを発揮し、かなりの比率で普及していくものと考えられる。

それは、ショッピングのアンチレジャー化傾向という、最近の消費者の購買行動における変化を見てもわかるし、百貨店における外商比率の上昇や、宅配を併用した生協の伸びをみても理解できるし、店頭売り上げだけに頼っている小売店の一般的な不振を見てもうなずけよう。

おそらく今世紀中に、近代的小売業と近未来的な小売業の比率は五〇対五〇になるだろうと予測される。そういうことが予測されるいちばん大きなポイントが、いま急速に進んでいる客の特定化への動きなのだと考えておいていただきたい。

42

客に最も近づく商法

物余り時代になるとまた、競争が激しくなることから、最も客に近づくか、最も客を引きつけるか、どちらかでなければ商売が成り立ちにくくなる。したがって、商売のいわば最終到達系を目指す動きが急速に活発になっていくわけだが、これもまた、物余り時代になってあらわれる大きな変化のひとつといっていい。

まず、最も客に近づく商法から見ていこう。最も客に近づくには、〝御用聞き〟と〝お届け〟がベストであることはいうまでもない。それが現代的なシステムとして完成の域に達したとき、これを最終到達系という。

たとえば、会員制無店舗販売という新しい仕組みをもつフレッシュシステムズの場合を見ると、これはわかりやすいかもしれない。会員宅の電話機がコンピュータの端末機の働きをし、この電話機を通して、会員が毎週送られてくる一万品目の商品カタログを見ながら、自分の欲しい商品を注文すれば、指定した日にそれが宅配される、というのがフレッシュシステムズの仕組みのごく大雑把な概略だが、これは、いわば、電話とコンピュータを活用した実に新しい現代の御用聞き、宅配システムといっていい。

同社の仕組みのすぐれている点は、注文を受けたコンピュータが、顧客情報を個別に管理し、客の新たなニーズを探るといったように、いろいろな情報分析が可能である点、さらにはフレッシュ・レディ等を通じ、客へのヒューマンタッチのアプローチをすることによって、情報のフィードバックが可能である点などにも求められよう。これらの要素は、客の特定化、固定化、組織化にとって欠かせない。

このように、コンピュータをシステムそのものへ上手に有効利用できれば、それは、消費者の買い物行動に伴うロスの部分を肩代わりできるという意味だけではなく、組織化した客に密着したかたちで、商品や情報を流し、さらにはフィードバックも行っていけるという点で、完全に客志向と一致する。

要するにこのシステムは、売る側にとっても買う側にとっても、ムリ、ムダ、ムラがなく、効率的なわけだが、これで全国ネットでも完成すれば、おそらく盤石の強みを発揮することになろう。

以上のような売り方が、客に最も近づく商法の一例である。

43 最も客を引きつける商法

最も客に近づく商法が、主として特定客を対象としたノウハウであるのに対し、不特定客を対象とする場合は、最も客を引きつける商法が最終到達系ということになる。

では、最も客を引きつける商法とは何か。それは、商圏内で最も大きな地域一番店をつくることだ、といいかえることができよう。

地域一番店が最も客を引きつけるのは、それが最も客志向できる店になるからにほかならない。一般に競争が激化するにしたがって、客はより客志向した供給体に集中しはじめるし、したがって競争が非常に激しい地域においては、あるいは競争が非常に激しい時期を迎えると、客は、最も客志向した店にしか集中しなくなる。これは競争のひとつの原理といっていい。

では、最も客志向した店をつくるにはどうするか。商品という要素で考えると、それは品揃えを最もよくすることだが、そのためには商圏内でいちばん売り場面積の広い地域一番店が必要だということになる。とくに不特定客を相手とする場合、物余りで競争が激しくなってきた現状では、それ以外ではなかなか生き残れない。一番店以外は、はっきりいって、採算が合わなくなってきているのである。

最も客を引きつける商法＝一番店づくりで、いま最も注目を集めているのが「そごう」の戦略である。そごうの地域一番店づくりは、そごうが多店舗化に踏み切ったときの一号店である千葉そごう以来、有名だが、最近とくに話題になったのは、昭和六十年九月に開店した横浜そごうだろう。売り場面積約七万平方メートル、それまでの一番店である横浜・高島屋より二回りも大きいというだけで話題性は十分であった。

おそらく横浜そごうは、将来とも、地域一番店の売り場面積を保ちつづけるにちがいない。日本第二の大都会の玄関口に七万平方メートルは決して広すぎないし、二番店より二回り以上も売り場面積が大きいということは、競合対策上理想的であり、包み込み理論に裏打ちされた競争手法を実施できるという点でも、そごうのこの方針は戦略的に正しく、つきの原理にもかなっている。たぶんあと一〇年もすれば、この一店だけで年商三〇〇〇億、年間経常利益三〇〇億円以上を生み出す店に成長しているだろう。

最も客を引きつける商法とは、このような店をつくるノウハウのことをいうのである。

44 コンピュータの発達がもたらすもの

小売業界の変化は、物余り時代になったことだけによってもたらされるのではない。コンピュータの発達と普及が、別の面からその変貌に拍車をかける。

より多数客をもつことが、企業発展の決め手となる小売業にとって、それがあまりにも多数であるがゆえに、客への全面的個別対応も、したがって客の特定化、固定化、組織化も、これまでは不可能に近いと思われていた。だが、小売業のこの弱点は、コンピュータの急速な発展によって、カバーされることになったのである。顧客数がいかに多数であれ、「顧客別情報管理システム」からはじまり、最終到達系経営ノウハウといわれる「顧客別全面的個別対応システム」までが、コンピュータを使用することによって実現可能になってきたからだ。

このことは、メーカーや卸売業者が、たとえ最終ユーザーである消費者に直販したとしても、扱い品目が限定されているために、どうしても消費者購買行為に全面的に対応できないのにくらべ、小売業の有利性をいっきょに高めることになった。

こういう情況のもとで出てくるのが、ニューリテイラー化への動きである。

顧客の要求に全面的に個別対応できる
ニューリテイラーの登場

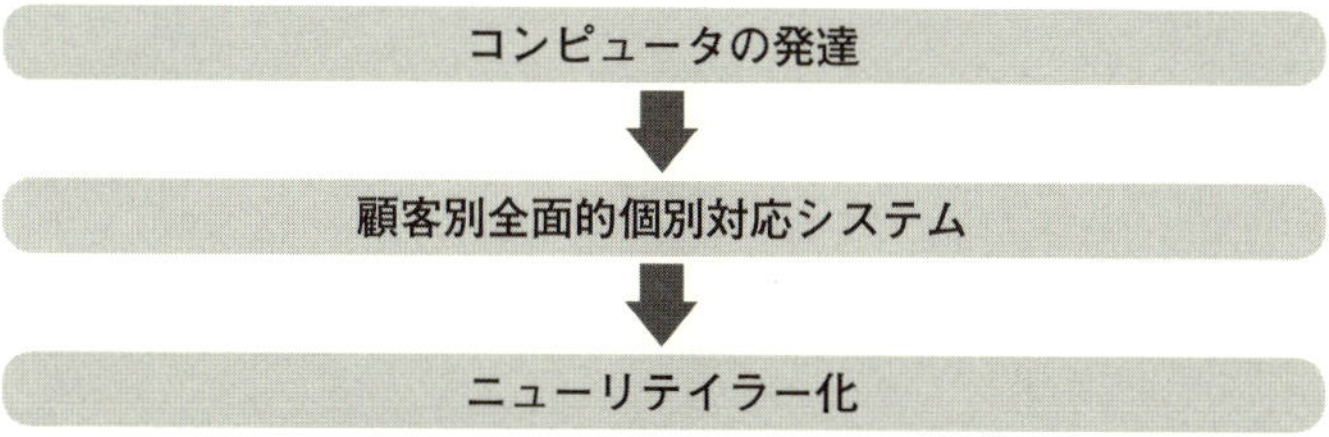

ニューリテイラーとは、一人ひとりの消費者の消費生活についての要求に、全面的に個別対応のできる、いわば個人秘書兼便利屋的な役割を分担する新業態といっていい。

おそらく、あと一〇～一五年たち、情報化社会になると、すべての消費者、生活者個々人は、一定の情報グループに加入することになるだろう。そして、たとえばある消費者が、自分の所属する情報グループに連絡すると、欲しい物が買えるだけではなく、ホテルや劇場や飛行機の予約から、自動車での送迎や留守中の家の安全保障、掃除などまで、どんな要求にも応えてくれるようになる。これが情報化社会のあるべき姿といえよう。

では、誰がこういった情報グループに相当するような仕事をするのか。これができるのは、これまでのべてきたことからも明らかなように、小売業しかない。このように、消費者に全面的に個別対応できる新しい小売業群を、ニューリテイラーと呼ぶわけだが、大事なことは、現実にこのようなニューリテイラーを目指す動きが、小売業界に出てきたということだ。

もちろん、ニューリテイラーになるには、それなりの条件が必要である。では、その条件とは何か。

45

ニューリテイラーの条件❶

ニューリテイラーになれるための条件のひとつは、小売業としての最終到達系ノウハウを有しているかどうか、という点に求められる。それは、先にものべたように、最も客に近づくノウハウか、最も客を引きつけるノウハウのことだ。前者が、フレッシュシステムズがつくったハイテク、ハイタッチの一体化したストアレス・ノウハウのようなものをいい、後者がそごうや西武百貨店のような地域一番店をつくれるノウハウであることは、繰り返すまでもない。

ニューリテイラーになれる第二の条件は、コンピュータ利用による顧客別情報管理システムを有しているかどうかである。このシステムは、不特定客を特定客化する場合のシステムとして欠かせない。

これまで小売業が主導権をとれなかった理由として、人材不足やリスクを負担しない体質など、さまざまな要因があげられているが、その最大の理由は、実は客数が多く、顧客情報を個別につかめなかった点と、そのために顧客に十分な対応ができなかった点にある。客数は多くても、その大半が不特定客であったために、結局、客数は少ないが、その客を完全につかんできたメーカー、卸売業に主導権をとられていたということだ。

だが、顧客別情報管理システムを保有すれば、小売業の主導権が確保されるだけではなく、同じ小売業のなかでも有利な地位を占めることができるようになろう。

現在、小売業界では、POS端末の導入が盛んである。私は、POS導入の必要性を否定するものではない。むしろそれは、これからの小売業経営の決め手になるだろうと思っているくらいだが、現在、大半の小売業が導入しているPOSシステムについては、疑問を投げかけざるをえない。それは、顧客別のパーソナル情報が全くといっていいほどとれないシステムだからだ。

パーソナル情報、商品情報、時間情報、金銭情報の四つがインプットされることで、POSシステムは、はじめて小売業にとっての利用価値が生まれてくる。その点を理解していただきたい。

いまのところ、顧客別情報管理が完全になされている小売業は、丸井とフレッシュシステムズの両社しかないが、消費者に物を売るというひとつの土俵上で、特定客対象商法と不特定客対象商法が争った場合、前者がいかに有利か、この二つの会社の成長がそれをよく物語っていよう。

46 ニューリテイラーの条件❷

ニューリテイラーになるための第三の条件は、顧客別の全面的個別対応システムを保有しているかどうか、という点である。このシステムもまた、もちろんコンピュータの利用なしには実現しえない。

次の時代、情報時代を動かす最大のツールは、コンピュータである。どの時代にも、その時代を動かす最大のツールがあった。たとえば、農耕社会では、それは優良な農地と農機具であったし、工業化社会では、すぐれた工場設備がそれであった。これらのツールを、より多く手に入れ、上手に使いこなした人たちが、その時代のリーダーシップをにぎってきたのである。

ところで、次の時代のツールとなるコンピュータは、他の業態とくらべて客数と店舗数の圧倒的に多い小売業こそが、最も多く、しかも最も上手に使いこなすようになるだろうことはまちがいない。おそらく、近い将来、全コンピュータ数の七〇％以上が小売業で使われるようになるだろうと予測されるくらいだ。

これからの消費者は、先にも少し書いたように、ショッピングだけではなく、あらゆる機能やサービスを小売業に求めるようになるだろう。

そうなると、それはもはや小売業とはいえないものに変質することになるのかもしれないが、いずれにせよ、小売業そのものも、競争下で生き残るために、個々の客の要求に合わせ、全面的に個別に対応できるように、変わっていかざるをえなくなるはずである。このような顧客別の全面的個別対応システムの開発も、コンピュータの利用によって現実的に可能になってきたのだということは繰り返すまでもない。

以上、ニューリテイラーになるための三大条件についてのべてきたが、もうひとつ、以上の三大条件を満たすためには、自身が全国ネットの小売業へと成長していかなければならないだろう。

ニューリテイラー化への動きは今後、小売業のなかで、以上のような三大条件を満たしながら、活発になっていくにちがいない。客の特定化、固定化、組織化現象も、そういったことを前提として進んでいくことになろう。不特定客相手では、確実性はないし、計画性ももてず、非効率、不安定きわまりないからだ。

こうして、近い将来、小売業、それもニューリテイラー群が、産業界全体をリードしていくことになっていくはずである。

47 メーカーはどう生き残るか

では、そういった全体の動きのなかで、メーカーはいったいどうなっていくだろうか。

すでにのべたように、消費財業界は現在、供給過剰であり、したがって小売業は、労せずして主導権がとれ、卸売業、メーカーを機能的に合体し、従属化させることができるのに対して、メーカーや卸売業は、小売業界に参入し、消費者へ直販形態で商品を流すなどして、何らかの方法で小売業界を支配する以外に、主導権をとることはできなくなってきている。

たとえば、小売段階に直接参入するという手法をとっているのが、化粧品メーカーのポーラやノエビアであり、資金や商品やノウハウなどで小売業界を系列化し、主導権をとっているのが、各家電メーカー、あるいはアパレル業界におけるレナウン、ワコール、オンワード、それに薬のメーカーの大正製薬などである。そのほか、ダイレクト・マーケティングなども、主導権確保のためのひとつの試みと見ていい。

だが、時流からみて、メーカーが小売業レベルでこのように主導権を保持しつづけることが、これからも可能かどうかは、疑問を抱かざるをえない。先にも書いたように、情報化社会というのは、一人ひとりの顧客に、全面的に個別対応する社会であるといえそうであり、それを目指しているのがニューリテイラーだが、その点メーカーは、商品が自社製品だけという幅の狭い範囲にしぼられ、そのため一人ひとりの顧客への全面的対応が不可能だからだ。

たとえば、小売店の系列化にしても、いまは非常に有効だとしても、それで将来、かえって困ることにならないともかぎらない。系列店をもてば、系列店中心に商品を流さなければならないからであり、その点、系列店をもたないほうが、自社製品をどこの店へも流せるという有利さをもつことになる。

それに、これからの情報化社会では、高所得、高教養に支えられた消費者は、これまでメーカーがとってきたような、自らリスクを負いながら商品をつくりつづける攻めの経営を喜ばなくなる。

以上のようなことを考えると、メーカーは、主導権をニューリテイラーに渡してしまい、本物の商品をつくることで、主体性だけをもって生きていくか、それとも、企業体として、ここで本格的に小売業に参入し、ニューリテイラー化を意図するか、いまこそ選択をせまられている時代なのだと思われてならない。

48 ニューリテイラー時代の会社

ここで、ニューリテイラー化への動きが急速に顕在化してきたことを示す具体例をひとつだけあげておきたい。（株）四季会の例だ。

まず、この会社が設立されるまでのプロセスから説明しよう。

昭和五十四年、二〇人余りの中堅量販店の社長さん方が、私の会社主催の欧米スタディツアーに私とともに出かけたのが、そもそものはじまりであった。その間、いちばん長期に滞在したのが西ドイツであったが、そこで私たちは、フィーア・ヤーレスツァイテンというホテルチェーンのホテルを泊り歩いた。フィーア・ヤーレスツァイテンとは、英語ではフォア・シーズンズ、日本語で「四季」という意味である。そのとき、当時フジ社長だった尾山悦造さんの発案で、このスタディツアーに参加した人たちによって「四季会」という名の会をつくることになった。名前にちなんで、一年に四回、季節ごとに集まって、勉強会をもとうというのがその目的である。

ところで、四季会も会合を重ね、勉強を進めていくうちに、ローカルチェーンの将来性と、

郵便はがき

料金受取人払郵便

牛込局承認

7734

差出有効期間
平成30年1月
31日まで
切手はいりません

162-8790

東京都新宿区矢来町114番地
神楽坂高橋ビル5F

株式会社ビジネス社

愛読者係 行

ご住所 〒 TEL:　（　　）　FAX:　（　　）		
フリガナ お名前	年齢	性別 男・女
ご職業	メールアドレスまたはFAX メールまたはFAXによる新刊案内をご希望の方は、ご記入下さい。	
お買い上げ日・書店名 年　月　日	市区 町村	書店

ご購読ありがとうございました。今後の出版企画の参考に致したいと存じますので、ぜひご意見をお聞かせください。

書籍名

お買い求めの動機

1　書店で見て　2　新聞広告（紙名　　　）

3　書評・新刊紹介（掲載紙名　　　）

4　知人・同僚のすすめ　5　上司、先生のすすめ　6　その他

本書の装幀（カバー），デザインなどに関するご感想

1　洒落ていた　2　めだっていた　3　タイトルがよい

4　まあまあ　5　よくない　6　その他(　　　)

本書の定価についてご意見をお聞かせください

1　高い　2　安い　3　手ごろ　4　その他(　　　)

本書についてご意見をお聞かせください

どんな出版をご希望ですか（著者、テーマなど）

今後のあり方が討議の中心になることが多くなり、そのうちに私に「四季会加盟のローカル量販店が今後生き残るためのプランニングを考えてほしい」という依頼がくるまでになった。そこで会員各位の意見や、私の考えをまとめ、今後ローカル量販店が生き残るために必要だ、と思われるいくつかの条件を提示したわけだが、それは、ニューリテイラー時代を想定して結論づけられたもので、次のような条件ということになる。

①　全国ネットが必要である。

②　顧客の個人別情報管理システムを完備する必要がある。

③　VANを機能させることが必要である。

④　大手ナショナル・チェーンや大手百貨店に対抗できるような独特のノウハウ、独特の商品、すなわち位相差ノウハウ、位相差商品が必要である。

⑤　加盟した会社のお互いの主体性を活かし、維持する必要がある。

⑥　大企業、大メーカーと対抗でき、主導権のとれる強さをもつ必要がある。

⑦　世の中のあらゆる変化に変幻自在に対応できるものである必要がある。

以上のような条件を満たすものをつくり、それに加入することが、ローカル量販店の生き残りの条件だ、ということになったわけである。

49 ニューリテイラー時代への先駆け

では、前項に書いたような条件にかなったものをつくるにはどうすべきか、いろいろ検討した結果、とりあえず、四季会のメンバーを中心に、あまり競合しないローカル量販店に呼びかけて、昭和六十一年四月に発足したのが（株）四季会である。

現在、四季会加盟企業数は五十数社。加盟量販店の規模をトータルすると、総売り上げ規模が約一兆五〇〇〇億円、総店舗数が一七〇〇店舗、総従業員数が約五万六〇〇〇人。要するに、ローカルNo.1の中堅量販店が、北は北海道から南は沖縄まで全国ネットを張ったことになる。なかには量販店以外にも、たとえば、電通やM＆Cシステムなども関与しているが、電通はいろいろな情報、とくに位相差ノウハウや位相差商品を集めるのに、M＆CシステムはVANのために必要だからだ。

これだけの規模で事業をやるわけだから、相当のことができるわけだが、当面の主要目的は次の三つと考えていいだろう。

第一は、今後できていく四季会グループ企業と、四季会加盟店との間での、商取引を通じて出てくるデータベースの管理と販売。

第二は、四季会加盟企業にプラスになるための合弁企業づくりと、そのための出資。

第三に、投資事業組合の運営である。

以上のような目的の実現の過程で、四季会に期待されるものは大きい。これからは共同事業の時代である。ひとつの会社で、すべてを取り仕切ろうと考える時代ではない。地域のことは地域の企業に任せながら、全体として総合的事業をやるのが、これからの時代であり、その意味で、（株）四季会の事業構想は時流に合っている。

また、これからの小売業経営は、ネット化し、ある程度、全体としてのロットをもち、全国規模で活躍できるようにしなければ、情報化時代の時流に対応できない。その点、（株）四季会は、明確なポリシーをもった集団であり、ニューリテイラー時代の先駆けとなる企業のひとつと考えられる。

おそらく、この（株）四季会の動向がヒントとなり、今後、小売業の生き残りをかけたネット化が、いくつか進行していくのではなかろうか。そして、これらの小売業者のほとんどは、ニューリテイラー化していくにちがいない。フレッシュシステムズと同様、そういう時代への前兆を（株）四季会にも見ることができるのである。

50

大手量販店も結局はニューリテイラー化する

以上に見てきたように、小売業界は、生き残りを賭け、時流適応を求めて、いま大きく動き出そうとしている。その動きとは、とりあえず仲間を集め、グループをつくり、それぞれの主体性を維持しながら、位相差商品や位相差ノウハウ、さらには情報管理システムをもとうという動きであり、同時に、考えを共にする会社同士が出資し合って、株式会社でネットをつくり、その新会社でデータベース管理をしたり、出資や投資を行って、グループと会社に寄与していこうといったような、これまでには見られなかった動きなのである。

これは、まぎれもなくニューリテイラーの誕生が計画され、実施に移されているということだ。おそらくこのようなニューリテイラー時代が到来した場合には、メーカーや卸売業は、ニューリテイラーの一機能分担者として、これに参加していくことになるだろう。

それでは、そういった動きのなかで、この二〇年余り、日本の流通業界をリードしてきた量販店業界は、今後どういう方向に進んでいくだろうか。

大手量販店がこれまで伸びてきた最大のポイントは、扱い品や業種を多様化、総合化するとともに、どんどん出店し、営業拠点を増やしてきたことである。おそらく、この方針は、そのまま堅持されるだろう。と同時に、これに加えて、無店舗販売などにも、かならず取り組み出すにちがいない。いわば、これまでのような不特定客対象商法以外に、特定客商法にも参入してくるだろうということだ。

要するに、大手量販店の将来の方向は、もう少しくわしくいえば、多様化、総合化をさらに推し進め、まず第三・五次産業と第四次産業に参入し、第三次、第三・五次、第四次産業の合体した企業もしくは企業グループと化していくものと思われる。

同時にまた、無店舗販売や特定客商法を通じて、各社が自社カードを発行するようになっていくだろう。

そして、そこまでいけば、かならずニューリテイラー志向に傾いていくにちがいない。それが時流であり、消費者の要求だということに、大手量販店の社長なら必ず気がつくはずだからだ。

結局、(株)四季会の動きや、フレッシュシステムズなどの動きに刺激され、大手を含めた大半の量販店は、ニューリテイラーへの道を歩むことになるだろう。

51 超大手以外はグループ化で

ところで、ニューリテイラー化していく場合、超大手量販店は、独立系としても存在は可能だが、それ以外の量販店は、お互いに仲間をつくり、グループ化、ネット化しなければ、単独では生きていけないものと思われる。それは、年商が現在、一〇〇〇〜三〇〇〇億円ぐらいの準大手でも変わらない。理由はいろいろだが、準大手以下の単独では、

① 全国ネットではないために、顧客の要求への全面的対応がむずかしい。

② 情報システムのためのソフト開発には、大変な費用がかかるので、規模が小さく、売り上げや商品ロットがまとまらない準大手以下では、情報管理システムを単独で機能させることはできない。

③ 有力メーカーや一流問屋など、良い仕入れ先がついてこないし、どんな場合でも無理はいえない。

④ 人材や資金の面、あるいは収益力でも、大手と大差が出てくる。

⑤ ニューリテイラー化への動きに対処できない。

などの理由が考えられよう。こうして、準大手以下の量販店によるグループ化、ネット化が進むわけだが、その際、彼らは大手の傘下に入ることを極力避けようとするにちがいない。(株)四季会のように、中小量販店が集まり、お互いの主体性を活かすことを計画すれば、それで十分独立性を保持しながら存続できるからだ。

さて、以上、ニューリテイラー時代への動きについてのべてきたが、こういった動きは、小売業界におけるいろいろな変化と併行して生じてくる。たとえば、いまあらゆる業種、業態から小売業への参入がはじまっているが、このようにして、小売業界は流通戦国時代に突入しつつある。

一方、コンピュータ化、情報化の波が押し寄せ、これが引き金となって、小売業界全体が、新流通革命の波にまきこまれていく。

ニューリテイラー化への進行は、小売業界のそういう動きと併行してあらわれる。こうして、おそらく西暦二〇〇〇年には、ニューリテイラー時代になっているだろう。そのときには、わが国では二〇～三〇のニューリテイラー群が、消費生活需要の七〇～八〇%を支えるようになっているにちがいない。少なくとも、その方向へ進むことだけはまちがいないだろうと思われる。

52

世の中が急変している

以上、日本の小売業がどう変わるかということを、新流通革命への動きや、ニューリテイラー化への動きを中心にのべてきたわけだが、変わるのは、もちろん小売業だけではない。いま、世の中そのものが急速に変わってきている。その変わりようは異常といっていいくらいだ。

第一に、たとえば東京を中心とした大都市部での地価高騰である。とくに東京における地価狂乱ぶりは異常でしかない。

あるいは、日本全体の人口増加率がゼロパーセントに近づきつつあるとき、とりわけ円高不況や炭鉱閉山、工場閉鎖などで揺れる地方市町村部での人口が極端な減少傾向を見せているなかで、大都市圏や地方中核都市、なかでも東京圏へ人口が一極集中化してきているというのも異常である。

もちろん、地価や人口の問題だけではない。そもそも情報を含めたすべてが、東京へ一極集中してきているという現象が異常なのである。

それに、横溢している金銭至上主義。これも異常としかいいようがない。

私の周囲には、非常に勘のいい友人が多いが、彼らは一様に現在を異常だと認めている。誰一人として正常だとは見ていない。そして振り子のように、異常の方向へ振れたものは、かならず正常に戻るという。異常の方向へ極端に振れた振り子は、その戻りも激しい。一気に戻る。

そのとき起こるのが経済恐慌、マネーパニックだ。金銭至上主義で異常に膨れ上がった金。それは物の裏付けのない金だから、ある瞬間、突然しぼむ。そのプロセスがマネーパニックなのである。起こるとしたら、それはそう遠い将来ではない。

もちろん、このような急激な変化は、起こらないほうがいいに決まっているが、起こるかもしれない。かつて経済恐慌に見舞われた一九二九年と同じように、株や土地の値段が一気に五分の一、六分の一に下落する可能性もある。少なくとも、あるということを前提に戦略を立て、対策を講じておかなければならない。

とりあえず、私の知るかぎり、日本の経営者の八割ぐらいは、そういう予測のもとに、いま対策を考えているということだけはいっておこう。

そういう変化の時代に、いまわれわれは生きているのである。

53 現在は非常時である

もちろん、世の中が変わるといっても、すべてが異常の方向へ動いているわけではない。一方では、超電導などもそうだが、「これは本物だ」と考えられるすばらしい発明、発見が続々と世に出はじめている。こういう本物がどんどん出てくるということは、それと結びついたメーカーの生き残りのために役立つというだけではなく、世の中のために、それ自身非常にすばらしいことだと思われる。

だが、このような「本物」が出はじめたとしても、世の中全体の変化が異常の方向へ大きく揺れ動いている事実に変わりはない。小売業も変わるし、世の中そのものも急変する。こういう時代を非常時という。これまでは平常時であった。歴史的にみて、平常時と非常時は繰り返し現れるといっていい。まさに歴史は繰り返すのである。

たとえば、日本を例にとって明治以降を年代順に見てみよう。まず、ペリー来航以来、日露戦争の終わった明治三十八年ごろまでの日本は、まちがいなく非常時であった。その後、大正を経て昭和五年ごろまでは平常時であったといっていい。だが、それにつづいて、世界大恐慌にまき込まれた昭和五年ごろから、太平洋戦争を経て戦後の一〇年あまり、おそらく昭和三十三年ごろまでは、明らかに非常時であったと見なせよう。さらにその後、昭和六十年ごろまでが平常時であった。そして、いまや、おそらく昭和六十年ごろからじわじわと非常時に入ってきたのである。

非常時と平常時とは、全くちがうものだし、それへの対応策も全く異にしなければならない。たとえば、上智大学の渡部昇一名誉教授は、それに関して次のような意味のことをのべている。日本の歴史にたとえれば、非常時の代表は戦国時代、平常時の代表は江戸時代である。戦国時代には、たとえば武田信玄のように、子が親を放逐して一国の主になるなど、下剋上の風潮が一般にあり、しかもそれが当然のこととして認められていた。最も力のある者をトップに据えなければ、そのグループ全体が存在しえないし、そうなれば、そのグループの成員は、生きていけないか、かりに生きていけたとしても、惨めな目に合わなければならなかったからだ。

それに対して、平常時の代表である江戸時代には、能力はどうあれ、長男が跡を継ぐという制度や、厳格な身分制が敷かれた。競争的な政治能力を発揮されたり、制度的な変化を起こされたりしたのでは、平常時の安泰が崩れてしまうからだ。そこで人びとの関心は他の雑事に移っていき、この時代特有の庶民文化の華が開いた。

以上が渡部教授の意見の概要だが、私も全く同感である。

54

組織体を非常時型に変えよ

ところが現在は非常時である。非常時には非常時の体制をとらなければならない。会社の組織も、当然、非常時型に変更していくべきである。

だが、現在のわが国の社会体制は、どちらかといえば平常時型であり、企業の場合も平常時型を脱していないケースが多い。

たとえば、昭和二十年の敗戦から一〇年あまり、当時の日本は非常時であった。それに対し、わが国の社会制度は、見事なほど非常時体制をとりえたといっていい。戦争に負けた日本では、身分制度や財産制度を含め、序列制度が崩れて平等のゼロの立場から出発した。地主も門閥も学歴も関係なく、国民すべてが、生きるために全力投球で働かなければならなかった。非常時体制のポイントである、本当に力のある、やる気のある人が、十分に力を発揮でき、またそれが受け入れられるような体制だったといえよう。

また、戦前とちがい、自由競争の市場原理も導入され、そのうえアメリカというお手本からも、いろいろなことを大いに学ぶことができた。当時の日本人は、実によく学び、よく働いたのである。そのことが非常時の日本にうまく貢献し、大変な成果を上げることができた。それでよかったのである。

だが、昭和三十年代半ばから、社会が落ち着いて平常時に移行していくに従い、わが国には年功序列型の終身雇用制度、資格制度導入の世話役型リーダー、根回し型運営法などの平常時体制が徐々に浸透し、昭和四十年代末から五十年代にかけて、日本の社会制度は完全な平常時体制をとるにいたった。そして、それが非常時に入った現在までつづいているのである。

しかし、組織体制は、世の中の動きに合わせて変えていかなければならない。非常時下にありながら平常時体制でのぞむ企業は、たぶん見事に敗北を喫してしまうだろう。それでは困る。

現在が非常時下にあるならば、たとえば昭和二十年から一〇年あまりの間に日本がとったと同じような体制を、いまわれわれはとるべきではないのか。つまり一所懸命頑張る人が報われる体制、あるいは組織体で最も力のある人がリーダーとして十分に力を発揮できるような体制をつくっていくべきではなかろうか。それがいまの時流なのである。

55

全社員をたくましくせよ

前項でも強調したように、非常時には、非常時にふさわしい体制をとるべきだが、そのために必要なのは、第一に人の育成である。リーダーはもちろん、組織成員、社員全員をたくましくしなければならない。

第1章で韓国の三星グループについて少しふれたが、ここでの人の育成に関する考え方は、きわめて明快といえよう。

人は、その能力と育て方によって、**①人財**、**②人材**、**③人罪**のいずれかになるという。すなわち、能力のある人を一所懸命きたえたら、あるいは能力のある人が一所懸命やる気になったら、その人は人財になるし、また、能力のない人を一所懸命きたえたら、あるいは能力のない人が一所懸命やる気になったら、その人は人材になるが、能力のあるなしにかかわらず、その人間をきたえなかったら、あるいは本人にやる気がなかったら、その人は人罪になるという考えだ。そして、三星グループでは、すべてを人財にするという。

非常時に必要なのは、これである。少なくとも、全社員がたくましくきたえられ、人財もしくは人材にならなければならない。

その点で、いま非常に気になることのひとつは、一九二〇年代と現在との酷似ぶりである。一九二〇年代は、総じて女が強く、男が弱かった。女が酒やゴルフをやり、男の化粧が流行った。また、コーヒーの味や、絵画や音楽がわかるのが、当時のエリートの条件であった。映画雑誌が流行し、俳優や女優の私生活を暴いて売れに売れた。レコードが売れ、蓄音機が普及した。原理・原則などの勉強はあまりせず、ファッションやカフェなどにうつつをぬかすのに一所懸命であった。

これは、あまりにも現在と似ていないだろうか。こういうたくましくない人たちは、次の非常時に十分な対応ができず、不幸な生涯を過ごさなければならなかったわけだが、そのことをいま思い出していただきたい。文化や雑事に長じたり、関心をもったりすることは、決して悪いことではないが、それらにうつつをぬかしたり、本質が何かを忘れたりしたら、やがて近い将来、えらい目に合うだろう。

社員全員を、個人の好き嫌いなどの枝葉末節とは無縁でも十分生きられるような、非常時に強いたくましい人間に育てることが、とりあえず、いま必要であるということを、ここではひとつ強調しておきたい。

56

四つのクセづくり

非常時体制をとるということのなかには、そのほか、一番商品をもつこと、時流適応のための変幻自在の体質をもつこと、ものごとにスピーディに対応できること、バランスを欠かさないこと、なども含まれるが、これらに関しては、すでにふれたものもあり、これからふれるものもあるので、ここでの記述は避けることにしたい。

ともあれ、非常時のいまやらなければならないことの第一は、これまでのべてきたような非常時体制をとることだということを、まず認識しておく必要があろう。

非常時にやらなければならない第二の重要ポイント、第二の対応策は、①働きグセ、②学びグセ、③節約グセ、④儲けグセ、の四つのクセをつけることである。

私がこの四つのクセづくりについてうるさくいい出したのは、三年ほど前からだが、それは、非常に伸びている企業、儲けている会社には、この四つのクセがすべてあることに気がついたからだ。同じことは、国についてもいえるわけで、たとえば日本がこれまで非常に伸びてきたのは、この四つのクセがすべて揃っていたからだといっていい。

伸びている会社は4つのクセがある

1 働きグセ
2 学びグセ
3 節約グセ
4 儲けグセ

三年前の一月、船井総研のすぐ近くに住友不動産芝公園ビルという大きなビルがオープンし、日本電気がテナントとして入った。船井総研のビルから、よく見えるので観察しているのだが、見ていると、この会社の社員の驚くべき働きぶりがよくわかる。とにかくよく働く。

日本電気だけがそうなのではない。聞いてみると、ＩＢＭでも、富士通でも、松下電器でも、みんなそうなのである。さらにくわしく調べてみると、儲けて伸びている大企業のサラリーマンたちほど、とにかくよく働き、とにかくよく勉強している、という実態が浮き彫りになってきた。

遅寝遅起きのダルな習慣を身につけ、あまり勉強もせずに、ごく普通の大学生活を過ごしてきた人たちが、こういった会社に入ったとたんに、このようなものすごい働き人間に変身するのはなぜなのだろうか。

57
大企業ではなぜ懸命に働くか

日本電気や富士通の新入社員何名かを対象に、仕事の実態について聞いたことがある。驚くほどよく働いているということがわかったが、「でも、こういう生活のほうが充実していて楽しいです」というのが彼らの答えであった。

では、どうしてそれほど働くのか。これも調べてみると、

① 大企業で働いているというプライドがあるから。
② 社風として働かざるをえない雰囲気があるから。
③ 働く者と働かない者、頑張る者と頑張らない者とでは、一〇～二〇年経つうちに、大企業ほど大きな差が生じるから。

ということであるらしい。そのほか、やりがいとか、仕事そのものが楽しいと答える者も多かったが、総じて「学生時代はムダな四年間を送った」というのが彼らの答えであった。

ところで、ここで問題なのは、中小企業である。中小企業では、だいいちプライドをもてないという人も多い。そういうなかにあって、大企業と同じように四つのクセをつけることは、

至難のわざといっていいだろう。だが、中小企業であっても、伸びているところは、やはりよく働き、よく学び、それに儲けグセ、節約グセをもっているのである。

たとえば私が顧問になっている松楓会という会がある。地方のトップクラスの衣料品問屋の社長たちがメンバーになり、年に二回集まって勉強をしようという、きわめてまじめな会だ。宝塚に松楓閣という立派な旅館があり、そこではじめて会合をもったことから松楓会と名づけられたわけだが、具体的にいえば、九州では丸福商事の戸部田社長、四国では中商事の中社長、中国筋では十和の尾山会長、あるいは高崎にある國光の吉野社長らがメンバーになっている。

こういった社長たちが、中小企業で四つのクセをつけるためにはどうしたらいいか、かなりの長い時間をかけて検討し、その答えをつくってくれた。どんな答えが出てきたか。それを次に紹介しよう。

大企業の社員はなぜ懸命に働くか

1. 大企業で働くプライド
2. 働かざるをえない社風
3. 働けば働くほど差が出る

58 中小企業での四つのクセづくり

中小企業で四つのクセをつけるためには、第一に、上の人が下の人を徹底的にかわいがることだ。それもできるだけ情にからめてかわいがるのがいい。そのために大事なのがコミュニケーションである。

たとえば給料などは、振り込みではなく、社長自らが手渡すのがいい。人数が多い場合は、係長以下ぐらいは部長から手渡してもらうことになるが、そのときでも、「有難う」という社長の一筆が入っていれば効果的であろう。社長や部長が認めてくれているという、情にからんだ感じがやる気を引き出すのだ。

第二に必要なのは、うわさや人気である。「あの会社はいい会社だ」「あそこならまちがいない」とうわささされること。そういう人気が大事なのである。

では、そういう人気はどうして引き出すのか。はじめは自分で引き出すしかない。つまり、自分から「うちの会社はいい会社だ」「うちの社長はいい社長だ」というのである。他人はいわない。したがって自分からいう。要するに、そういえる雰囲気をつくれということだ。

口に出したことばは、そのとおりに実現する。「いい会社だ」「いい社長だ」といっているうちに、本当にそのとおりになってくる。人気というのは、このようにして自分でつくっていくものなのだ。

第三に、社長の次の幹部の人たちが問題になってくる。社長というのは、もともと四つのクセはもっているものなのである。そうでなければ社長にはなれない。そういうものだ。したがって、社長ではなく、社長の次の人たちが問題になる。

部下は社長の次の幹部の人たちの背中を見て動く。したがって会社も、そのように動くし、それが社風にもなってくる。

たとえば、せっかく社長が朝七時に出勤しているとしよう。にもかかわらず、社長の次の幹部が九時半に出勤するとしたら、他の部下は、まず九時半以前に出勤することはあるまい。逆に、社長の次の人が六時半に出勤すれば、部下もまたそれをならうはずである。

要するに、社長の次の人たちがポイントなのだ。その人たちがどれだけ頑張って働くか、どれだけ学ぶか、どれだけ節約し、どれだけ儲けるか。それが問題となるわけだが、そのへんを徹底的にきたえれば、中小企業でもまちがいなく伸びるはずである。

59 安心して働ける仕組み

四つのクセづくりで、もうひとつ大事なことは、従業員が安心して働ける仕組みである。この仕組みがないと、懸命に働く気が従業員に起きない。では、それはどういう仕組みか。

一般に従業員が最も心配に感じていることは、定年で会社をやめたあとの生活である。中小企業の場合は、とくにそうだ。したがって、この不安を何とか取りのぞいてやらなければならない。そのためには、二十歳で会社に入り、三五年間勤めて五十五歳で定年を迎えたとき、せめて現在の貨幣価値で五〇〇〇万円もらえ、しかも死ぬまで毎月一〇万円ずつ保証される必要があろう。そうなれば、ほぼ安心である。そういう仕組みをつくることだ。

そういう仕組みがしっかりと確立されていれば、従業員も不安を抱くことがなく、やる気が生まれ、途中で退社して他社へ移ろうなどという気も起きなくなってくる。生命保険会社の積み立て保険などを上手に組み合わせれば、こういう仕組みは案外かんたんにできるかもしれない。そういうことも、研究対象として、ぜひ検討してみる必要があろう。

四つのクセをつけるためには、また、会社を伸ばしつづけることも大事である。売り上げも

4つのクセづくりの条件

1. 上の者が下の者をかわいがる
2. 業界内におけるよいうわさ
3. 幹部による社風づくり
4. 安心して働ける仕組み
5. 会社の業績を伸ばしつづける

→ **4つのクセ**

利益も伸ばしつづけなければならない。業績が一度でも落ちれば、四つのクセはたちまちどこかへ消えてなくなってしまうからだ。

以上が、松楓会の社長さんたちが答えてくれた、中小企業でも四つのクセづくりが可能だという条件である。繰り返せば、①上の者が下の者を〝情〟をからめてかわいがる、②人気＝業界内におけるよいうわさ、③社長の次の幹部の人たちを中心にしたよい社風づくり、④安心できる仕組み、⑤会社の業績を伸ばしつづけること――以上の五つの条件が必要だというわけだが、私もこれには全く異存はない。

以上の条件があれば、社員が会社全体よりも、自分の所属する部門のことを大事にしたり、あるいは所属する部門よりも自分自身のことを大事に考えたりすることがなくなり、全社員が会社という全体の利益のことをまず考え、行動するようになってくる。また、よいとわかったことは即実行に移され、悪いとわかったことは、即中止されるシステムがつくられやすい。

そういったことから、四つのクセは、知らず知らずのうちに、企業体質となって定着していくのである。

60 正しい予測のための仕組みをつくれ

これまで、非常時にとられなければならない対策のひとつとして、非常時体制を組めということをあげ、第二に四つのクセづくりを急げという点を強調してきたが、ここでは第三に、正しい予測法の必要性について、ふれておかなければならない。

将来どうなるか、という見通しを立てることは、いま非常に重要である。その場合、いくつかの方法があるわけだが、そのひとつは、勘のいい人のネットをつくり、そのなかに自分を位置づけることだ。

私の知るかぎり、経営者、とくに創業者で社長であるような人が、最も勘がいい。彼らは、マスコミのインタビューに答えることとは少しちがう本音をもっている。だから、勘のいい経営者たちと積極的につき合い、そのネットのなかで、彼らの本音が聞けるような仕組みをつくっておくことが必要なのである。要するに、勘のいい人、情報をよく知っている人とつき合うこと、あるいは正しい情報の入ってくるネットに入ること、そういう的確な情報が入る仕組みをつくることである。

たとえば、インテュイティブ・コンセンサス法というのがある。インテュイションとは、直勘力という意味であり、考えなくても瞬間に予測できる能力、しかもその予測が当たる能力のことをいう。多くの経験を積み、たくさんの知識を吸収し、ルール化能力を身につけた人に、このような直勘力の持ち主が多いが、こういう直勘力のすぐれた人たちのコンセンサスによって予測するのが、インテュイティブ・コンセンサス法なのである。

これは、ほとんど狂わない。たとえば、来年の流行色を予測したい場合、過去の流行色予測で実績のある数人の専門家に集まってもらい、直勘で答えてもらう。それらを集めてまとめれば、来年の流行色に関する正しい予測が得られるというわけだ。

正しい予測を得るためには、そのほか、肌で感じること、正しいデータを数多く集めることなどが必要だが、これらについては、とくに説明の要はないだろう。

さて、以上、非常時に必要な対策についていくつかのべてきたが、非常時の対策としては、もうひとつ重要なことがある。非常時のときほどなるべく原理・原則に従えということだ。

では、原理・原則とは何か。

それに関しては、次章でくわしく説明することにしたい。

第4章

船井流原理・原則経営

61

時流適応と一番になることが大原則

前章でも強調したように、現在は非常時であり、経営的にみても、寸時の油断も許されないようなむずかしい時代である。このようなときほど、われわれは原則に従って行動しなければならないし、原則の何たるかを認識しなければならない。そのこと自身が、ひとつの重要な原則であり、非常時への対応策なのでもある。

では原則とは何か、ということが問題にされなければならないが、それはひとくちにいえるものではない。

たとえば、これまで本書でのべてきたことは、すべてが物事の、あるいは経営の原理・原則なのだといいかえることもできる。その意味では、これから本章でのべることは、これまで本書でふれられなかった原理・原則、あるいはぜひとも強調したり補足したりしておかなければならない原理・原則の説明ということになろう。

そこでまず最初に、経営の大原則からのべていくことにしたい。

経営には、「時流適応するか一番になったときに、経営体は業績を上げることができる」という大原則がある。時流適応すれば、一番でなくとも、それだけで十分に業績を伸ばすことができるし、また一番になれば、時流不適応のものでも、おおむね業績が伸長するからだ。もちろん、時流にも適応し、なおかつ一番になることがベストであることはいうまでもない。

時流適応とは、その時点での大衆のニーズに合うこと、つまり需要が多いもの、あるいは需要が増えるものとつき合うことである。需要過剰状態のときは、よほどのことでもないかぎり、何でも調子よく進むものなのだ。

だが、やがて需要過剰は供給過剰に、時流適応状態のものは、時流不適応状態のものへと必ず変化する宿命をもっている。そのとき生き残れるのは、それぞれの分野で一番の機能を有しているところのみといっていい。

一番の機能があれば、客を引きつけやすいし、また客に近づきやすく、しかも客を固定化しやすいからだ。何度も書くように、供給過剰時には、客は一番のもの、あるいは一番の店に集中する。

したがって、われわれに必要なことは、常に時流適応のものを探しつづけることであり、同時に、それが時流不適応になったときにも生き残れる対策、つまり一番になるための方法を模索し、そのための努力を持続しつづけることなのだということができよう。

62 利益の四つのもと

一番のものをもつこと、あるいは一番になることは、マーケティングの基本原理であり、利益を生み、企業を繁栄させる最も重要なポイントとなる。

一般に、競争が激しいときに、二番以下の商品や機能をいくら集めてみても、一番のものがひとつもなければ、業績を上げることは不可能とみなしていい。逆にそれがひとつでもあれば、客が集まり、商売が繁盛し、利益が生まれてくる。ただし、一番だけではダメで、かりに一番がある場合でも、それ以外に二番以下の商品や機能も豊富に揃っているほうが、売り上げも利益も上がるケースが多い。

一般に利益は、次のような式によってあらわされるが、この式は、以上のような原則を反映したものといえよう。

利益＝一番の数×扱い品の数×主導権×一体性

一番はひとつでも多いほうがいいし、扱い品も多いほうがいい。主導権がとれなければまずいし、会社もひとつのコンセプトのもとに一体化していなければならない。この四つが利益のもとであるということを右の式は示している。要するに、式のなかの四つの条件をどうつくり、どう組み合わせるか、ということだ。それが利益を生むもとであり、また、それが経営の原則ということになる。

もちろん、利益の真の要因は、四つの条件以外にもいろいろあるだろう。だが、この四つこそが利益のための最重要な絶対条件なのだと考えていただきたい。つまり、この四つの条件を満たせば、他の多くの利益要因は整ってくるものなのである。

ここで「一番の数」というのは、市場で一番と認められる商品やシステムをいくつもっているかということであり、「扱い品の数」とは、市場において「あの企業の主力商品はあれだ」と認められる商品やシステムをいくつもっているかということである。

また「主導権」というのは、流通主導権、すなわち価格決定権と取引条件決定権のことで、この主導権がないと、一番や扱い品がいくらあっても利益にならない。

さらに「一体性」というのは、社内が基本的に一つの哲学、思想で統一されていることだ。これがないと、一番や扱い品がいくつあろうと、あるいは主導権があっても、利益が出てこないものと考えていただきたい。もちろん、公式からもわかるように、利益は四つの条件の積で決まるわけだから、どの要因が欠けても理論的には利益額はゼロになる。四つの要因を満たすことを利益のための絶対条件と私が考えるのはそのためである。

63 一番店戦略と包みこみ理論

前項で書いたような原理・原則を、小売業の分野で最も忠実に実践していると思われるひとつが、百貨店のそごうの戦略＝一番店づくりであろう。

そごうの一番店づくりについては、すでに「43」項でもふれたとおりだが、これが商売の原理・原則にも、「つきの原理」にもかなった戦略であると考えられるのは、包みこみ理論で裏打ちされた競争手法を確実に実行に移せる戦略だからだ。

包みこみ理論は、船井流経営法のなかの基本中の基本であり、一番の店としてとるべき最も正しい戦略ということができる。たとえば、ひとつの商圏を想定してみよう。かりにこの商圏内にA、B、Cという三つの店があるとする。それぞれ独自の品揃えはしているが、もてる力はほぼ同じくらいと仮定していただきたい。この商圏に、前記三店にくらべて、圧倒的な力を有するDという一番店が出現し、一番のとるべきベストの戦略である包みこみ理論を実践したら、いったいどういうことになるだろうか。

Dが実践する包みこみとは、AにもBにもCにもあるすべての商品を品揃えし、そのうえさ

DがA、B、Cを包みこむ

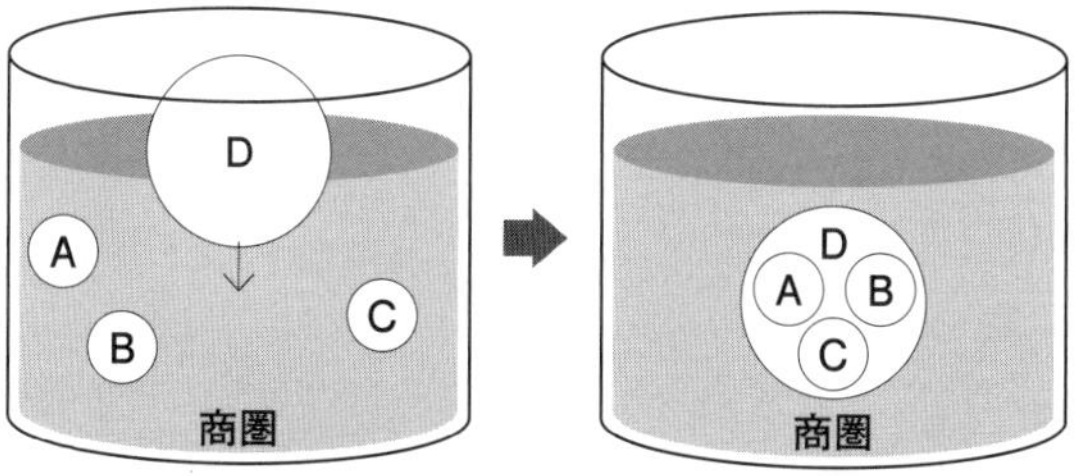

らに、この三店とも扱っていない商品をも併せて扱うことである。そうなれば、すでにおわかりのように、Dの圧倒的な勝利となって、この競争は終わるだろう。繰り返すようだが、「競争が激化するにしたがって、客は、より客志向をしたところに集中しはじめる。したがって、非常に競争の激しい地域では、客は最も客志向したひとつの供給体に集中する」という競争の原理が働くからだ。

ここでいう最も客志向した店というのは、商品という要素で考えると、最も品揃えのいい店ということになるが、そうするためには、商圏内で最も売場面積の広い地域一番店がどうしても必要になってくる。つまり、包みこみ理論は、売場面積が商圏内で最も大きいからこそとれる戦略なのである。また、これこそが競争の原理にかなった方法なのだといっていい。

ひとつの商圏内で、強者と弱者が戦った場合、強者は弱者をこのように包みこめば勝ちである。弱者が生き残れるのは、強者が弱者を生かしておこうと考えたときか、弱者のほうが強者よりはるかに頭のよい場合しかない。では、包みこみ理論は、強者の戦略であり、弱者には応用不可能な理論なのだろうか。

64 弱者は部分で包みこめ

たしかに競合社会においては、強者は弱者よりも絶対的に有利な立場に立つ。強者＝一番が、そのベストの戦略である包みこみ理論でそれ以下を包みこんでしまったら、戦いは強者の勝利で終わってしまうからだ。その意味では、包みこみ理論はあくまでも強者の理論といってもまちがいではないだろう。

だが、弱者にも勝てるチャンスが全くないわけではない。全体的に弱者であっても、部分的に強者になることは可能だということだ。つまり、部分で勝つ。ある一点で勝つ。要するにその部分、その一点において完全に相手を包みこんでしまうのである。

小さいものでもいい。とにかく、まずひとつでも勝つこと。

そのためには、たとえば小売店でいえば、効率のいい商品、自信のある商品、伸びている商品を伸ばし、一番の商品をつくって、その商品に関しては完全に競合店のそれを包みこんでしまうことだ。こうして順番にステップを踏んで、ひとつでも多く一番の商品をふやしていき、最後に全体で勝っていく。

弱者が強者に勝っていくためには、このように、ひとつずつ局地戦で勝っていくしかない。

こういうときに、よく引き合いに出されるのが、中国革命時における毛沢東の戦略・戦術論である。「われわれの戦略は一をもって十に当たることであり、われわれの戦術は十をもって一に当たることである」と毛沢東はいっている。つまり、革命当初中国共産党軍は、国民党軍のもてる十の力に対し、一の力しかもっていなかったわけだが、この一の力で十を破り、革命を達成すること。これが中国共産党軍の戦略であった。そして個々の戦闘場面においては、敵の弱い部分、手薄なところへ、自軍のもてるすべての力を集中し、完全に相手をたたきのめす、ということを、その戦術の基本としていたのである。

要するに、全体の力関係では、敵の十分の一の戦力しかなくても、個々の具体的な局地戦においては、常に敵の十倍の力関係で戦いに臨むことを基本にしていたということだ。これはまさに局地戦における一番主義であり、包みこみ理論の実践にほかならない。

いずれにせよ、弱者の立場にあるほうが、強者よりも創意工夫とフットワークがいる。何によって相手を包みこむかを常に考え、そのための努力を怠らないようにしたい。

65 圧倒的な一番になることが最高の戦略

前項で紹介した毛沢東のことばは、全体の総合力において、敵よりも自軍のほうがはるかに劣っていても、個々の局地戦において敵を凌駕する兵力を集中できれば、弱者にも勝てるチャンスがあるという、いわゆる集中主義の原理と、その威力を一面では示したものといっていい。

この集中主義の原理は、当然マーケティング面にも適用できる。その適用例のいくつかについては、すでに「33」項において示したとおりだが、いずれにせよ、この原理は、自社が絶対的な、あるいは総合的な一番になるためにとられる、そのプロセスにおいて欠かせない一手段とみなしていいだろう。

こうして、しだいに自分に力をつけ、その力相応に一番になっていくこと。そして、できるだけマスメリットを追求できるよう、すなわち、より大商圏で、より一般大衆を相手に、より総合化された商品を、一番という条件を満たす範囲で扱えるよう、できるだけ力をたくわえていくこと。マーケティング戦略としては、これが最も正しい。

こういう戦略を最高のかたちで実施できるのが、最も力のある一番、絶対的、総合的な一番なのである。

一般に競争は、競争者の一方が目的を達し、他方があきらめたときに自動的に終結する。これは市場競争においても変わらない。それは、小売店でいえば競合店に差をつけた圧倒的な一番店をつくることだ。そうすれば競争相手は競争意欲を消滅させ、あきらめの境地へと達していくだろう。

勝ち方の戦略としては、このように、競争相手をあきらめさせ、競争せずに目的を達せるようになること、つまり戦わずして勝てるようになることが最高の戦略である。

実際に競合状態と利益との関係を見た場合、相手と自分が同じくらいの力をもっているときに競争が最も激しく、また、競合当事者にとって最も利益につながっていない。では競争者が皆無であったほうがいいかというと、そうではなく、自分よりもはるかに力の弱い競合者のあるほうが利益が出るのである。ということは、自社が一番で、競合者がありながら、しかも競争しないでもいい状態を、競争地域のなかにつくり出しておくことが、最高の競合戦略ということになってこよう。

これらは理論的にも、あるいは長年の経験からも裏付けられることだ。

66 ハイイメージつき大衆商法

前項に書いたような圧倒的な一番になれば、それだけ、より大きな商圏で、より多くの客を相手に、より総合化された商品を扱うことができ、マスメリットの追求が可能となってくる。逆にいえば、マスメリットを追求するには、より多くの客を相手に、より総合化された商品を扱わなければならないということだ。

商売は、このように、できるだけ大衆相手のほうがいいに決まっている。

もちろん、大衆相手だからといって、店格を落としたり、イメージを落としたりするということではない。一方では、店格もイメージも高く維持しながら、同時に客＝大衆の買いやすいもの、買いたいものを中心に品揃えしていくことが大事なのである。これをハイイメージつき大衆商法という。

ということは、店格やイメージはたしかに落とすべきではないが、ハイイメージだけの商売でもダメだということだ。ハイイメージのものと大衆商法とで、上手にバランスがとれていなければならない。

たとえば、高級ステーキレストランで食べるハンバーグと、安い食堂で食べるハンバーグとでは、同じハンバーグでもイメージが異なる。前者の場合は、イメージを高める効果を伴うため、同じような大衆ゾーンの商品群でも、「上等なものが安く食べられるのではないか」というように、お客の側の心理的な見方がちがってくる。ここが大事なところだ。

要するに、店全体ではハイイメージをもちながら、大衆ゾーンの商品群を中心に扱っていくのである。これに対し、店をハイイメージにし、同時に扱い商品まで、すべてハイイメージにしてしまったら、えらいことになってしまうだろう。

一般に店舗のリニューアルが失敗に終わるケースが多いのは、リニューアルによって、ハイイメージの売り場をつくり、それに合わせて商品もすべてハイイメージ商品にしぼりこんでしまうからだ。

現在は、イメージの悪い店、悪い会社には人は集まらず、したがって経営も思わしくいかないという意味で、たしかにハイイメージの時代といえるが、だからといって、ハイイメージということばに毒され、そのとき大衆が求めている実用性、機能性、買いやすい価格などを無視した商品政策をとれば、これまでのなじみ客までをも失ってしまう結果に終わるだろう。

67 客の最も欲するものを追求する

前項にも書いたように、たしかに現在は、店格やイメージの高い店でないと、いわゆる大衆品も売れなくなってきていることは事実である。だが、されればといって、ハイイメージ商品だけでは、商売は成り立たない。ハイイメージつき大衆商法の必要性はそこにあるわけだが、このようにハイイメージでありながら大衆を主対象にしているといったような、いわば両端をもちながらバランスしている状態が、経営の成功には必要なのである。

マーケティングの基本原理が、①力相応、②一番になれるという二条件を満たす商圏、商品、対象のとらえ方にあること、またその場合、商圏は広ければ広いほどいいし、商品も総合化できればできるほどよく、対象もできるだけ一般化したほうが経営的に有利であることは、繰り返すまでもない。

一般に、狭い商圏で扱い品と対象をセグメントするのは、力がないからであり、セグメントしてでも、そのなかで一番にならなければ、経営が成り立たなくなるからだ。

ハイイメージつき大衆商法は、まさにマーケティングのこの基本原理と合致する。それはまた、「小売業とは、客の最も欲する商品を仕入れ、最低マージンで提供することを目的とする商売だ」という小売店経営法の原点とも矛盾しない。

扱い品の総合化、サービス等の多様化こそ、客の求めているものであり、だからこそこれらは競争に勝ちぬくための条件となるわけだが、現在のように競争が激しいときほど、より一層こういった条件が要求されるようになってくる。

わが国の小売業界の競合は、激化する一方であり、なかでも生き残れるかどうかの不安におびえているのは小型店だろう。大型店の存在は、そういう小型店にとって脅威であることはいうまでもない。

もちろん、勉強している小型店にとっては、大型店は決して怖い存在ではないが、現実問題として大型店の出店は、小型店にとって面白かろうはずがない。そんな小型店のための大型店対策としてよく唱えられるのが専門化、高級化の方向である。

だが、専門化、高級化は、もしそれだけを目指すとしたら、それは時流への逆行といわなければならない。

たしかに、専門化、高級化を指向して成功した例はいくつかある。が、失敗例のほうが、その何十倍もあるという現実を忘れるわけにはいかないだろう。

68 客の固定化法

できるだけ扱い商品を増やしたい、そしてできるだけ客数を増やしたいというのは、船井流経営法の出発点であると同時に、商いのひとつの原点でもある。

ところが、せっかく新しい客を増やそうと努力しても、それと反比例して、これまでの客が減ってしまい、差し引き、客があまり増えない場合が多い。むしろ逆に、全体としても減ってしまうことすらある。

もちろん、新しい客は増やさなければならない。だが、そのために、これまでのなじみ客を減らしてしまったのでは何もならないばかりか、かえってマイナスである。

店舗のリニューアルが、えてしていままでのなじみ客を減らす結果に終わってしまうことは、すでにのべたとおりだ。商売のコツは、これまでの客を固定化しておきながら、新しい客を増やし、しかもこの新しい客をも固定化していくことなのである。

ところで、店と客との関係には、普通、**①一般客**、**②知人客**、**③友人客**、**④信者客**、の四通りがあるといわれている。①は一見《いちげん》の客、②は店の人と客とが、お互いに名前や顔、あるいは住んでいるところぐらいは知っているような関係の客をいい、③は、そのほかに電話番号ぐらいは知っており、ときにはお互いのクセまで知っていて、電話でムリを頼み合えるような関係の客をいう。ファン客といいかえてもいい。そして④の信者客とは、客がその店にとことんホレこんでおり、その店で売っている商品は、よほどのことがないかぎり他店では買わない客のことだ。

固定客とは、このうちの友人客と信者客のことをいう。商売にとって、一般客を知人客に、知人客を友人客に、そして友人客を信者客にといったように、客との関係をより親密化し、固定化していくことがいかに大事かは、強調するまでもないだろう。

これには**「三回安定の法則」**と**「一〇回固定の法則」**という二つのルールがある。客がある店に来て、比較的短い期間に三回連続して満足すると、その店の友人になり、さらにそれがつづいて、一〇回満足するとその店の信者になるというルールだ。

扱い商品の総合化、人的サービス機能の多様化は、そのためにこそ欠かせない。それこそが商売のノウハウであり、正攻法であり、現在の時流なのである。

69

兵法や策略よりも正攻法が大事

経営の原則のひとつは、何度も書くように、時流に合うことである。ところが、この時流が最近大きく変わってきた。たとえば、これまでは兵法や策略が非常に重視されてきたのに対し、それよりも正攻法のほうがより効果をあげるようになってきたというのが、いまの時流である。

私は、もともとよりケンカや競争が好きだったし、現実に、どうしたら競争相手に勝てるかというアドバイスをすることを業としてきたので、当然その方面のプロとして、これまで古今の兵法などを徹底的に研究し、実践し、また、それなりの実績もあげてきたものである。

だが、四十歳を越えるころから、このような兵法や策略が急につまらないものに思えてきた。それがほとんど無意味になってきたからだし、本音で真正面から物事に当たるほうが、より時流に合うようになってきたからだろう。

兵法や策略というのは、自分のことを相手に教えず、だまし、おどし、すかし、おだてたりして、相手を自分の思うとおりにするための手法といっていい。これが昔からもてはやされてきたのは、世の中は結果がすべてであり、したがって勝負には、どんなことをしても勝たなければならない、という考えが先行していたからである。もちろん勝負には勝たなければならない。だが、勝つために手段を選ばないというのは、天地自然の理から見ても間違いなのである。勝っても勝ち味がよくないし、敗者の負け味はさらに悪く、将来に必ず禍根を残すことになろう。

これに対して正攻法というのは、相手にこちらの手のうちを見せながら、堂々と攻めることである。正攻法は相手よりもはるかに力がないとできない攻め方だとされているが、むしろ、そんなことには無頓着でいい。小が大に対する場合でも、弱者が強者に対する場合でも、それなりの正攻法がある。

兵法や策略よりも正攻法のほうが時流に合うようになってきたのは、人間世界の意識環境のレベルが進化し、誰もが納得し安心できる手法しか通用しなくなってきたからだ。

これまでは、力をつけ策を練り、弱者を搾取するのが勝者だったのに対し、これからは力をつけ、正攻法で商売をし、弱者を助けるのが賢明な勝者となろうとしている。我欲のためだけではなく、よりマクロに世のために貢献するという姿勢がないと、成功にはつながらなくなってきたということだ。

70

「よりマクロの善」を

人間は、何か事をなす場合、目的が必要である。目的があればこそ、その目的達成のために、人は頑張るのであって、それなしに努力を持続することはむずかしい。

もしそうであるならば、目的は我欲達成のためという小さなものではなく、よりマクロに世のために貢献できるもの、すなわち人間性にかなった大義名分のあるものほど努力のしがいがあるというものだろう。

たとえば、自分の携っている仕事を通じ、自分の人間性を向上させると同時に、世のため人のために奉仕するのだ、という大義名分をもてれば、人は仕事への努力を惜しまない。つまり、正攻法の時代のいまだからこそ、なおのこと**「よりマクロの善」**を人は目指すべきであり、それこそが最大の大義名分になるということだ。それは、そのまま天地自然の理にもかなっている。

「よりマクロの善」とは、自分のためだけの善というよりも、より大きく見て、自分の所属する部門の善のために、さらに大きく見て、自分の会社のために、もっと大きく見て世の中全体のために、というように、自分の力や影響の及ぶ範囲で、その時点で最も大きな、マクロの善を考え、そのために意思決定し、行動することである。

この「よりマクロの善」については、いまや、ほとんどの大衆が心から納得してくれるし、時流からいっても、現在の最大の大義名分となっていることは、まちがいないだろう。

たとえば、経営のノウハウにしても、それがすばらしい、オリジナリティのある貴重なものほど公開せず、一人占めすべきだという人もいるが、私はこの意見に賛成ではない。

むしろ、よいものは、どんどん公開するべきだろう。公開すれば、それがよいものであればあるほど、多くの人を喜ばせ、世のため人のためになるからだし、また、知っていることを惜しみなく他人に知らせてしまうと、自らには、オリジナルなものがなくなってしまうので、さらに新しいことを知ったり、つくろうとしたり、努めるようになるからだ。つまり、「よりマクロの善」ということから考えると、公開し、多くの人に知ってもらうことこそが、大義名分にかなったやり方ということになろう。

しかも、これは天地自然の理にもかなっている。公開することによって、決して「つき」が落ちることはないからだ。

71 これからはコンセプショナル・スキルの時代

何度ものべるように、時流に合うか一番になるかが経営成功の条件である。時流に合って、なおかつ一番であれば、企業体は飛躍的に伸びるわけだが、これをさらに一層急成長させようと思ったら、意欲的によく働き、よく学ぶことだ。

以上は、経営を成功に導く三大要素といっていい。

時流という点でいえば、先にも書いたように、いまはエゴをむき出しにする時代ではない。良いものは一人占めにするのではなく、他の多くの人にも分かち与える。そういう姿勢が必要になってきたのだといえよう。

たしかにこれまでは、人間のエゴ中心に経営も考えられてきたが、自分だけが儲けて他を蹴落とすような経営は、いまでは誰からも受け入れられなくなり、自分も伸びると同時に、それによって同業者、仕入先、あるいは客も伸びていくのが正しいという考えに変わってきているのである。競争についても同じようなことがいえる。たしかに競争そのものは善なのだが、ただしエゴのための競争は悪になってきたということだ。これからの競争は、ケンカに勝つため

（コンセプショナル・スキルのウェートが上がる）

テクニカル・スキルの時代

↓

ヒューマン・スキルの時代

↓

コンセプショナル・スキルの時代

の競争ではなく、人間性に逆らわない競争、むしろ人間性の向上に資する競争、人に貢献できる競争、もっといえば愛のための競争でなければならない。これからは正攻法がベストであり、奇襲法では一時的な成果は得られても、永続的な発展は望めないということ、あるいはこれからは「よりマクロの善」を目指さなければならない時代であるということは、以上の点からも理解できよう。

こういったことは、現在が、①テクニカル・スキルの時代から、②ヒューマン・スキルの時代、さらには、③コンセプショナル・スキルの時代に変わってきた、といわれていることと無関係ではない。

①も②も③も、ともに経営を成り立たせるためのスキルのひとつだが、①は技術ノウハウ、②は人間関係学、③は教養とでもいいかえたら、わかりやすいかもしれない。

大事なことは、優秀な人間ほど、あるいは企業が大きくなるほど、テクニカル・スキルのウエートが下がり、コンセプショナル・スキルのウエートが上がってくるということだ。そして、それがこれからの時流にもなってきているということなのである。

72

天地自然の理から見た経営のチェックポイント

テクニカル・スキル万能の時代が終わり、コンセプショナル・スキル的なものが重視される時代になってきたということは、それだけいまは高教養時代を迎えているのだ、と解釈していい。高教養というのは、結果として思いやりにもつながり、全体を理解することにもつながるわけだが、それこそが人間として目指さなければならない道であり、「つく」ためのポイントなのでもある。そして、天地自然の理にかなったものは「つく」し、そうでないものはつかない、という意味でいえば、それはそのまま天地自然の理にかなったやり方なのだ、といいかえることもできよう。ところで、ここでいう天地自然の理というものを経営という面でとらえた場合、そこには四つのチェックすべきポイントがある。

その第一は、**「現在ついているか」**という点だ。「つき」の悪いときに意思決定したり実行したりすることは、まず成功しないというのが天地自然の理であり、経営の原理・原則である。これについては、すでに第1章でもふれているので繰り返すまでもないだろう。

その第二は、**「この仕事は、世のため、人のため、そして自分自身のためになるか」**という

経営者の4つのチェックポイント

- ❶ 現在ついているか
- ❷ この仕事は、世のため、人のため、自分自身のためになるのか
- ❸ 採算が合うか
- ❹ この仕事には競争があるか

点だ。このなかのどれかが欠けても、人間は本質的に明るくなれないし、経営体としての社会性が薄れ、存続がむずかしくなってこよう。

チェックポイントの第三は、**「採算が合うか」**という点である。経営採算の合わないことはやるべきではない、というのが私の考え方だが、企業経営にとって、これは絶対条件といっていい。そもそも、利益の出ない企業経営はナンセンスである。企業体というものは、儲けてこそ存在価値と存在意義があるのであり、その意味では、収益性というのは必要性の代名詞といわなければならない。採算割れして他に依存することにでもなったら、自助をたてまえとする天地自然の理に、それこそ反することになってしまうだろう。

第四のチェックポイントは、**「この仕事には競争があるか、あるいは発生するか」**という点だ。適正競争は必要である。無競争は「つき」を落とすし、自由と、能力に応じた平等がなくなるという意味でも、天地自然の理に反しよう。もちろんそれは、前項にも書いたように、エゴのための競争のことではない。お互いが発展するための競争のことをいう。

73

世の中は公平で、すべてが必然——大原理❶

以上のように、ものごとにはかならず原理・原則というものがある。現在のような変化の激しい時代になると、とくに経営者には、このような原理・原則にかなった、マクロ的、根元的発想が要求されるわけだが、そのためには、「天地自然の理に従って、世のため人のためになること」が、経営目的の大前提ということになってこよう。

天地自然の理は、このようにすべて易しく、単純で、明快である。もちろん、われわれは世の中の原理・原則のすべてを知っているわけではないが、かりに知らなくても、原理・原則に従うと「つく」し、反すれば「つかない」わけだから、いかに自分が無知であろうと、結果として「これが原理・原則だ」、「これは原理・原則に反する」ということがわかるのである。

ともあれ、われわれは、できるだけ原理・原則を知り、それに対応できるように努力しなければならない。

天地自然の理に関して、これまで知ったことを整理すると、それは大原理、一般原理、特別原理の三つに大きく分けられる。

そこでまず、大原理から見ていくことにしよう。

大原理は全部で六つあるが、その第一は、**「世の中は公平である」**というものだ。われわれ人間は、至らぬ部分が多いので、できるだけ公平にと考えてプランニングし、実行しても、その時点では不公平なことも多い。

だが、マクロに見れば、世の中というのは実に公平である。誰でも学び努力さえすれば、どんどん進化し、行為も思考もすべて報われる。思ったことは、カガミの原理が働き、ブーメラン効果が生じ、実現されていく。

あるいは税金などでもいい。いま払わないですんだと喜んでいると、どこかでそのしっぺ返しがくる。現在、不公平で悩んでいる人も、したがって安心していい。生きている間に不公平だったら、死んでから公平になる。そういうものなのだ。

大原理の二つめは、**「世の中のものは、すべて必然」**というものである。

この世に存在するものは、すべて必要なもので、不必要なものはないし、また、すべての出来事は必然で、偶然はありえない。どのような事故も病気も、また嬉しいことも、必然と考えるのが正しいようだし、そうなると、この世には奇跡はありえないし、不思議なこともありえないということになってくる。

74 大原理❷

大原理の三つめは、**「世の中は日々生々発展している」**ということである。世の中にあるものは、動物も鉱物も植物も、あるいは人間も、さらには神でさえも、毎日よい方へ発展している。どんなことが起こるかは知らないが、昨日よりは今日、今日よりは明日のほうがいい。ミクロに見てはわからなくても、マクロに見れば、これはまちがいない大原理のように思われる。

四つめの大原理は、**「レベルが存在する」**ということだ。たとえば水を例にとってみよう。零度以下に温度を下げれば氷になり、一〇〇度以上に上げれば気体になる。同じ水でも、気体、液体、固体というレベルが存在するのである。

あるいは、人間と他の動物の場合もそういうことになろう。人間以外の動物には理性がないし、先が読めない。同じ動物でありながら、明らかにレベルが異なっている。

大原理の五つめは、**「この世の中に存在する組織体やグループは、すべてそのトップで決まる」**ということだ。この世をひとつの組織体と考えれば、それはその長である創造主によってほとんど決められているといっていい。われわれは創造主の意図を汲み取り、その意図する方向へ

6つの大原理

1. 世の中は公平である
2. 世の中のものはすべて必然
3. 世の中は日々生々発展している
4. レベルが存在する
5. 組織体はすべてそのトップで決まる
6. すべては相に現れる

進むのが正しい生き方である。組織体のトップもまた、まさに創造主のごとく、組織の成員が絶えずよい方向へ進めるよう全力投球をしていなければならない。

したがって、たとえば会社をよくしようと思ったら、社長をよくすればいいし、それでも伸びなかったら社長を変えればいい。先にも書いたように、組織体そのものはトップ一人で九九・九％決まってしまう。これが五つめの大原理だ。

大原理の六つめは、**「すべては相に現れる」**ということである。たとえば「ついている」ものは相がよく、雰囲気が明るく温かいが、「ついていない」ものは相が悪く、雰囲気も暗くて冷たい。「ついている」というのは、天地自然の理に従って目下生々発展中と考えればいいし、「ついていない」ときは、天地自然の理に反して逆方向に進んでいるときと考えられる。それを本人だけではなく、他人にも知らせるために、創造主はその人の相を使っているのだ、と考えたらわかりやすいかもしれない。

以上の六つが大原理である。

75 大原理に付随の一般原理❶

大原理に付随したかたちで一般原理というものがある。これは、「こうしたらいい」あるいは「こうしたほうがいい」「こうしたらつく」という原理と考えていただきたい。

その第一は、**「公平なほうがよい」**ということだ。

本当は世の中は公平なのだが、われわれのような人間レベルでの公平の実現は、なかなかむずかしい。したがって、いかに公平にするか、できるだけ公平になるように努力しなければならない、ということになろう。

第二は、**「わかりやすいほうがよい」**ということである。たとえば、組織体の場合でも、上からの命令などはわかりやすいほうがいいに決まっている。わかりにくいことは、いってはいけないし、やってはいけない。セミナーなどでも、程度の悪い講師ほど、英語をたくさん使ったりして、わかりにくいことをいう。あれはよくない。

一般原理の第三は、**「自由なほうがよい」**ということだ。とくに現在のような高レベル、高教養社会では、人を動かそうと思ったら、その人の自発的判断力に任せるのがいちばんである。

統制とか規制というのは、レベルの低い人たちを上手に協調させて動かすために必要なのであって、レベルの高い人には、それはかえってマイナス効果を伴うことが多い。しめつけたり規制したりすれば、権力を使うということになり、かえって反抗を招くことにもなろう。

したがって、高教養人や高レベル人は自由に任せておくのが最もよい。

もちろん、権力によってでも人を動かすことはできる。だが、その効果はあまりないというのが現在の社会の姿なのではなかろうか。権力をいうなら、むしろ権威のほうがいい。そのほうが、はるかに自発的判断力に影響を与えうるからだ。

したがって、当然これからは、権力よりも権威の力のほうが、人を引きつける力がまちがいなく強くなろう。それが人間性の向上に比例して強くなっていくことは、すでにわかっていることなのだ。天地自然の理に従い、「つきの原理」を守っていれば、自然にそのとおりになっていくはずである。

そのへんの論理を十分に理解し、自らの権威力の向上に全力を尽くしていただきたい。たぶんこれからは、トップに権威力がなければ、組織体はたいした活動ができないことになるだろう。

76 一般原理❷

一般原理の第四は、**「包みこんだほうがよい」**ということである。

包みこみの原理については、すでに何度もふれているので重複は避けたいが、強いていえば、あれもこれもすべてを生かしたほうがいいということだ。小売店でいえば、専門店のほうがいいという人がいるが、これは実はよくない。専門店化したり、扱い商品を絞ったり、セグメントしたりするのは程度の悪い証拠である。

たとえば、婦人服しか扱わないというように、かたくなに思いこむのではなく、できれば婦人服でも婦人洋品でも、あるいは紳士服でも、すべての商品を扱うように総合化していくほうがよい。包みこんだほうがよいというのは、そういうことをいう。それでもなお専門店をやりたいというのであれば、自分は程度が悪いからそうするのだ、といい直すべきだろう。

一般原理の五番目は、**「マクロの善を志向したほうがよい」**ということである。これについてもすでにふれた。自分のことしか考えない人は、最もミクロで程度が悪い。自分のことよりも、自分の所属する課、自分の所属する店や会社、県とか府、国、さらには世界や宇宙のためにといったように、なるべく大きく考えて行動できたほうがいいということだ。

六つ目の一般原理は、**「情理一体化のほうがいい」**ということである。「理」というのは人間だけがもっている特性だが、ただし情と理とをくらべれば、人間は一般に情のほうが強い。実はそれでは困るわけで、この両者は、バランスよく一体化されている必要があるということだ。「智に働けば角が立つ。情に棹させば流される」というのは、夏目漱石の『草枕』の書き出しのことばだが、情や理のどちらかに片寄るとこういうことになってしまう。

たとえば、好き嫌いの激しい人は、どちらかといえば情の勝った人である。こういう人は、ある一定の分野を除いてはあまり使いものにならない。おそらく、小売店などではとても勤まらないだろう。

その意味では、すべての人、すべてのものが好きになれるのが最も理想的である。もちろん、だからといってあまり惚れすぎるのも問題だろう。惚《ほ》れてしまうと、情に負けて理が通らなくなるからだ。

そうならないためにも、情理一体化させる訓練をしておいたほうがよい。

77 一般原理❸

一般原理の七番目は、**「大事にするほうがよい」**ということだ。先にも書いたように、人でも商品でも金でも、大事にすれば集まってくるが、そうでなければ逃げていく。したがって、当然それは大事にしたほうがよい、というのが七番目である。

次に、**「よく働き、よく学ぶほうがよい」**。これが八つ目の一般原理である。私は、遊ぶほうがよいとは決していわない。遊ぶというのは、自分だけのためのものだからだ。

それに対して、働くこと、学ぶことは、自分のためでもあるし、人のためにもなる。自分だけのために時間を割くよりも、はるかに程度が高く、それだけ「つきの原理」にもかなっているといえよう。

一般原理の九番目は、**「プラス発想したほうがよい」**である。これに関しては、もはや説明の必要はない。

次に一〇番目の一般原理は、**「正攻法のほうがよい」**ということだ。奇襲法のように、人をあっと驚かせるような方法ではなく、正攻法で正々堂々と攻めるほうがよい。これについても、すでにふれたとおりである。

次は一一番目。**「喜ばせるほうがよい」**。たとえば、問屋やメーカーをいじめて儲けている大手量販店のやり方についてはすでにのべたとおりだが、同じ儲けるでも、相手をいじめたり泣かせたりして儲けるのは決してよいことではないし、かならずしっぺ返しを食うだろう。後に禍根を残すことにもなる。

どうせ儲けるなら、相手を喜ばせて自分も儲けなければならない。他人を儲けさせて自分も儲ける。これは「良心の原則」にもかなった最も正しい方法といえよう。

「良心の原則」とは、良心に反することはうまくいかないというもので、儲け方に関していえば、①他人に職と金を与えて自分も儲けよう、②他人を儲けさせて自分も儲けよう、③あり余る物を使って儲けよう、④不足するものは最低限しか使わないで儲けよう、⑤正攻法で儲けよう、といったことをその内容とするものである。

さて、一般原理の最後、一二番目は、**「共同化のほうがよい」**ということだ。一人でやるよりも、他人と助け合って、共同化してやるほうがよい、という意味に解釈していただきたい。

78 くり返しの原則とバランス理論

以上がどうすれば「つく」かを考えた場合の一二の一般原理だが、原理・原則には、このほか、①カガミの原則、②くり返しの原則、③シナジー効果、④バランス理論、⑤B＝f（E・P）、⑥P＝mnという、経営についての六つの特別原理がある。これらについても、一般原理同様、すでに折にふれて説明した部分が多いので、ここではあらためて解説が必要と思われる事項についてのみ、のべておくことにしたい。

まずとり上げなければならないのは、「くり返しの原則」である。「カガミの原則」については、「12」項を参照していただきたい。

ことばというのはエネルギーである。口から出たことばはエネルギーとなり、そのまま実現することが多い。したがって、たとえば子どもに対し、「お前はいい子だ」といいつづけていると本当にいい子になり、「お前は悪い子だ」といいつづけていると本当に悪い子どもになってしまう。これが「くり返しの原則」だ。

また、一〇回くり返すとウソも本当になるという原理もある。たとえば女性を口説く場合、「あなたが好きだ」といっているうちに、それがウソでも、やがて本当に好きになってしまうこともあろう。これは、「くり返しの原理」の応用といってもいいかもしれない。

バランス理論

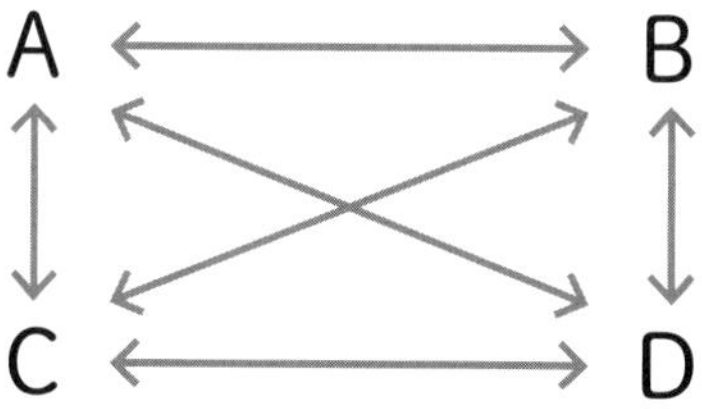

次に「バランス理論」について見てみよう。

ここにA、B、C、Dという四人の人間がいるとする。この場合、個人と個人という最小単位で考えると、人間関係は図のように六つできることになる。お互いに好きな関係をプラス、嫌いな関係をマイナスであらわせば、プラスが六つになるか、そのなかのひとつだけがマイナスになるか、二つ、あるいは三つ、あるいは四つ、あるいは五つマイナスになるか、それとも六つ全部マイナスになるか、六通りの関係ができるということだ。

ここでいいたいことは、どういう場合に、この四人のグループの関係がうまくいくかということである。プラス、マイナスを全部掛けて、全体がプラスになればうまくいくし、マイナスになるようだとうまくいかない。それが、この場合の答えだ。結局、マイナスがひとつ、三つ、あるいは五つのときは人間関係がうまくいかず、それ以外のときはバランスがとれ、うまくいく。これを「バランス理論」というわけである。

79 原理・原則と根元を知り現実に対応しよう

結局、他の五組の仲が良くても、一組だけ仲が悪ければ、前項で書いた四人のグループの人間関係はうまくいかないし、逆に全部の組の仲が悪くても、人間関係はうまくいく。ここに、「バランス理論」の面白さがあるといえよう。

また、前項で紹介した特別原理のなかの、B＝f（E・P）という原則は、人間の行動を表す式であり、BはBehavior（行動）、EはEnvironment（環境）、PはPersonality（人間性、個性）の略である。fが関数を表すfunctionであることはいうまでもない。

もうひとつ、P＝mnという式は、利益の原則を表している。Pは利益（Profit）、mは商品の総数、nは一番の数で、結局mとnの積が利益を生むという意味だ。商売は、より総合化を目指すのが正しい、ということをこの式は示唆していよう。

以上、大原理、一般原理、特別原理について簡単な説明を加えてきたが、こういった原理・原則を確認し、実行に移すことは、いま非常に重要である。

本書全体のまとめという意味からいっても、このような原理・原則や根元を知り、現実に対応していくことがいかに重要であるか、それがまず第一にあげられなければならない結論ということになろう。

いま経営環境がますますきびしくなるなかで、窮地に追いこまれている企業も多いし、いつ自社がそのような立場に陥らないともかぎらない。だが、そのような場合でも、世の中の原理・原則、経営の原理・原則、それに根元を知って的確に現実に対応すれば、いかなる困難でも必ず乗り切れる。そういう自信をもって事に当たるべきであり、決して焦ったりあわてたりすべきではない。

原理・原則と根元を知るということは、マクロにものを見るということである。マクロにものを見るためには、たとえば課長クラスの人であれば、自分を社長の立場に置いて、ものを判断したり、意思決定したりする訓練をしておくとよい。

自分より常に三レベルくらい上の立場からものを見、考えられるようにしておくと、マクロにものが見れるようになるということだ。

ともあれ、重要な原理・原則を知り、的確に現実に対応ができるよう努力を持続していただきたい。これがいま、とくに経営者がすぐにやらなければならない第一の仕事である。

80

本当のことを知り、知らせ、つづけられることをやろう

原理・原則や根元を知るためには、本当のことを自分でも知り、人にも知らせるよう努力することが重要になってくる。これが、いますぐやらなければならないことの第二といっていい。

現在のような情報化社会においては、知ろうと思えば何でも知れるはずである。そういう恵まれた環境下にありながら知ろうとしない人がいるとしたら、これは何とももったいない話だ。

また部下や同僚に知らせれば、全体として大きな力になるはずなのに、それを出し惜しみするとしたら、全くナンセンスとしかいいようがない。

若い人や部下ならば上に立つ人が知らせてくれるが、相手がトップともなれば、なかなか本音でものをいってくれなくなってくる。

したがって、そういう人は知ろうと思ったら、何でも知らせてくれる友をもったり、情報ネットに加入したりすることだ。

原理・原則や根元というものは、知られているようでいながら、案外知られていない。知ろうと努力したり、知らせようとつとめたりしないせいもあろう。

好奇心をもって積極的に知ろうとつとめてほしいし、知らせることの重要さも使命感として感じてほしい。

いまやらなければならないことの第三は、つづけられることをやろう、つづけられないことは避けようということだ。いうまでもなく経営とは、行動することであり、新しいことへの挑戦を絶えず持続することである。そのためには「最終到達系」を明確に設定し、それに向かって、継続できることを確実にやっていくしかない。だが、これが実はむずかしい。

継続できることを確実にやるということでは、たとえば先に紹介したフレッシュシステムズの例などがわかりやすいかもしれない。フレッシュシステムズでは、誰もが良いと納得できる「最終到達系」（組織化された顧客への全面的個別対応システム）を目指し、あらゆる批判を乗り越えて、あきらめずに行動と挑戦を継続させ、多くの協力者の助けを借りながら成功への道を歩んできているのである。

このように見ると、「継続できることをやろう」ということは、徹底的にプラス発想ができ、他者と共同化が可能で、時流と自分の体質に合うものを絶えず探し求め、挑戦することが前提として必要だということがわかってこよう。

81

ギブ&ギブ経営を志し、つきの原理を活かして、自信をもって経営に当たろう

いまやらなければならない四つ目の課題は、**ギブ&ギブ経営への挑戦**である。

損得勘定で行動する者は、昔から最終的に人から感謝されることはあまりなかった。逆に、もらうことより人に与えることの多い者は、経営者であれ宗教家であれ、人から大いに尊敬されてきたのである。もちろん、そこには、「人からほめられよう」「認められよう」「感謝されよう」などという功名心や邪心はなかったといっていい。

経営の段階でも、社員、取引先、顧客を含めた人のために尽くす喜びを追求することで、経営体や組織、人材、商品などの能力が十分に発揮される。これがギブ&ギブ経営の基本的な考え方だ。

少なくとも、とりあえずはギブ&テイク経営を心掛けてほしい。与えることの多い企業や人は、その反応も良い方向に作用し、成功につながるものなのである。

いまやらなければならない第五の課題は、「つきの原理を活かし、自信をもって経営に当たろう」ということだ。

とくに、いま流通業に携わっている人たちは、「ついている」人たちといってまちがいではない。したがって流通業者は、自分が流通業者であることを感謝して、素直に経営に当たらなければならないだろう。実際そのとおりに実施する企業は、かならず伸びるであろうと確信する。

つきの原理については、すでに第1章においてもくわしくのべたが、とくにここでは、「16」項と「17」項でのべた「つく人の特性」について、もう一度ふり返って見ていただきたい。「つく」ということは、そこで示したように、人間性が向上していくことでもあるということがわかってこよう。また、このつきの原理を、自分を含めて、自分の会社や部下、取引先や有力な競争相手などを思い浮かべながら、それに照らし合わせてみると興味深いし、つきの原理をより深く理解するうえでも大いに参考になるだろうと思われる。

人間性を向上させるためには、天地自然の理にかなった行動をすることだ。そうすれば、人相がよく明るく温かくなり、パワーも生まれてくる。そして、そういう人こそが、経営の最高の資源である人材となりうるのである。

そういう人材づくりへの挑戦を本章の最後にお願いしておきたい。

付章

船井流経営法＝ベーシック経営法の原理と手法

1　ベーシックな原理・原則の追求から成立した船井流経営法の構造

(1)　世の中のすべての現象をまず肯定し、包みこんでしまうことからはじまった。

・納得できてもできなくても、現象こそ真実。

(2)　つぎに、あらゆる現象に通用する共通のベーシックなルールを設定する。

・正しいルール、正しい手法ほど、単純明快で、すべてに通用し、ムリなく、簡単に実行できる。

ベーシックなルールのポイント

(a)　どんなことでも、根元的、マクロ的なことから考えたほうがよい。
(b)　この世に存在するものの根元はすべて生命体である。
(c)　すべての生命体の本質は、生成発展中である。宇宙も人も動植物も、その意識は進歩しつつある。

(d) 人として生まれてきた以上は、人間性の向上に努力しなければならない。
(e) 次の三つのことに挑戦すると人間性が向上する。
i 直感力をつけること
ii 天地自然の理を知ること
iii 天地自然の理に従った行動をし、「つく」人生を送り、人相をよくすること
(f) 経営体の存在目的の第一は、社会性の追求（世のため、人のためになること）、第二は教育性の追求（人間性の向上）であり、その結果として、第三の目的である収益性が得られる。
(g) 経営体にかぎらず、組織体の盛衰はその長によって九九・九％まで決まる。

(3) そのつぎは、以上のようなベーシックなルールから結論を推定する。

・人間とは何か、企業とはどうあるべきか、ということを根元的、マクロ的に考え、ルール化しておくと、たとえば新規事業参入の良し悪しや、成功するかしないかの結論は簡単に出てくるものである。

(4) 最後に、よい結論が出たら、その結論を実現するための具体的な手法を実施する。

・マーケティング的に見た場合、具体的手法は、いまでは次の五つしかない。

ⓐ 即時業績向上法
ⓑ 高密度法
ⓒ 一番法
ⓓ 包みこみ法
ⓔ シェア向上法

2 船井流経営法の原理

(1) できるだけ多くの人が納得し、応援してくれる哲学、方針、手法をもった経営を目指そう。

① 経営体の存在や目指す方向に関し、大義名分があり、その哲学や方針、手法などが単

純、明快で、ムリなく実行でき、第三者にもわかるもの。

② 天地自然の理にかなない、自然と融和する、いわゆる本物の経営。

(2) 企業体自身も成長発展すると同時に、世の中や他の関係者も成長発展する経営を目指そう。

① 経営体の存在目的は、まず世のため人のためになるという社会性、ついで従業員や関係者の人間性を引き出す教育性、そして結果としての収益性の追求である。

② 経営体は、存在として必要、必然のものであり、バランスがとれ、それらによって発展や衰退が決まる公平さを示すものでなければならない。

3 船井流ベーシック経営の八つの手法

(1) 成功の基本＝鈍、根、信、仲間づくりのくせをつけよう

①鈍＝何でも喜んでコツコツとやる＝天職発想のすすめ、くせづけ。
②根＝完全に地に根づくまで基礎がためをする＝完全主義のすすめ、くせづけ。
③信＝師を信じる＝師をつくり、教わり、その結果、自分に力がつくと、師のありがたさを知り、師と自分を信じるようになる。そのすすめ、くせづけ。
④仲間づくり＝成功者ほど仲間を大事にし、仲間とはげみ合い、競い合う。そのための仲間づくりのすすめ、くせづけ。

(2) プラス発想法

①「思うことが実現する」というのは人間だけがもっている特性。つまり人間は、よいことを思えばよいことが起こり、悪いことを思えば悪いことが実現する。
②したがって、プラス発想＝よいことを思うのは大事でよいことだが、マイナス発想＝悪いことはまちがっても考えるべきではない。
③伸びる人はプラス発想人間であり、ダメな人はマイナス発想人間である。
④人は伸びる条件を探し、信じて、がんばれば伸びるし、どんなやさしいことでも、できない条件や悪い条件を探し、理屈ばかりいっていると、伸びないだけでなく、ダメに

なる。

(3) つき原理応用法

・船井流即時業績向上法＝つきの原理を応用した船井流経営法の代表的な手法のひとつ。本書第2章参照。

(4) 競合対応法

① 競合対応は、「よりマクロの善」の場を想定し、そこへ到達することを意図しながら、協調と競争の二手法を併立させて行うこと。

② ベストの競合対応法は、強者による「包みこみの発想」と「正攻法的手法」の実践である。

③ 正しい競争は、それによって自らも世の中も急速に進歩するという意味において必要である。

④ 競合対応法は、自らの地位、立場、順位によって異なってくる。したがって上手に対

応するためには、競合力原理やシェア原則を知らなければならない。

(a) 競合力原理

㋑ 3対1の攻撃の原理＝敵地に敵を攻め必勝を得るには、敵の三倍の力が必要である。

㋺ 4対10の守備の原理＝敵が攻めてきたとき、味方に敵の四〇％以下の力しかなければ、争うだけムダである。

㋩ 10対8の利益の原理＝同一市場で二社が共存する場合、一番にとっては、競争相手の二番の力を、自分の八〇％以下に押えておかないと利益が出にくくなる。

㋥ 2対10の安全の原理＝同一市場において複数のコンペティターが競合する場合、自分の力が一番の力の二〇％以下なら、他の競合者から問題にされず、かえって安全である。

㋭ 8対10の心理効果の原理＝これまでの㋑～㋥の原理は、いわゆる統計的な原則だが、当事者が人間である以上、これは心理的効果（やる気や自信など）によって破られることもありうる。しかし、それは下位者の力が上位者の八割に達したときのみで、それ以下であれば心理的効果は逆にマイナスに作用しかねない。

(b) シェア原則

㋑ 独占シェア＝74％＝競合市場において七四％以上のシェアを占めれば、まず絶対に安全である。

㋺ 相対シェア＝42％＝競合者が二者以上存在する場合、四二％のシェアを早く確保した者が圧倒的に有利な立場に立てる。

㋩ トップシェア＝26％＝競合者の力がお互いにドングリの背比べ状態で、一番のシェアが二六％に達していなかったら、一番といえどもほとんど利益にならない。二六％は、一番が利益を得るための最低シェアである。

㋥ 影響シェア＝11％＝競合市場のなかで、一一％以上のシェアに達したときに、はじめて自分の存在が市場全体に影響を与えうる。

㋭ 存在シェア＝7％＝競合市場のなかで、シェアが七％以下では、競合者としての存在価値は認められない。

(5) 利益原則実践法

① 利益原則に関しては本書第4章「62」項を参照。

② 「利益＝一番の数×扱い品の数×主導権×一体性」

という公式のなかで、利益のために一番大事なのは、ⓐ一体性、ⓑ二番目が主導権、ⓒついで一番をもつことである。

③ したがって②の公式を実践するには、まず一体化を図ることからはじめ、次に主導権の確保、三番目に一番づくり、最後に扱い品をふやすことを考えるべきである。

④ 総合化、多角化は、伸びるための正しい戦略であり、専門化やセグメンテーションは、一番をつくるためのやむをえないマーケティング戦略、あるいは伸びないときの一時しのぎの方法である。

(6) レベル向上法

① レベルは、ひとつちがえば格段の差がある。

② だが、つきやぶれない天井はない。

③ 実践の原則は、旧来の手法を分散し、複合化し、競合化させ、それを統合する中核をつくり、まとめて運営する方法を見つけだし、それを繰り返すことで、さらに上のレベルに達することができる。

④ 確立した手法の代表的なものは、組織体確立法とシェアアップ法である。

⑤　船井流組織体確立法――199ページの図表参照
(a)　図表のワンマン型は初級レベル、組織活動をはじめた段階が中級レベル、組織体が確立したところを上級レベルと置きかえられる。
(b)　図表は、企業体質の改善、新商品の販売、新チャネルづくりなどにも応用できる。
⑥　シェアアップ法
(a)　一番の戦略
㋑　自分の立場から
○競争しないこと。
○競争市場を自分中心に安定させておくこと。
○ゆるやかな包みこみ戦術をとること。
○超競合市場を現出させないこと。
㋺　競合力原理から
○二番の力を強めないこと。
㋩　シェア原則から
○四二％以上のシェアをとること。
㋥　市場から

○早く市場規模のなかにおいて絶対的一番を占める。

㋭　競合相手から

○競争をあきらめさせ協力を申し込ませるようにする。（力の論理の応用）

(b)　二番の戦略

㋑　自分の立場から

○一番と対抗できる力を早くつける。

○三番以下との関係で競争市場を絶えず不安定にさせる。

○三番以下をアジテートし、一番の包みこみを不可能にするような方向にもっていく。

○力がつくまで一番とは休戦しておく。

○三番以下と圧倒的な差をつけておく。

㋺　競合力原理から

○一番の八〇％以上の力になる。

㋩　シェア原則から

○二六％以上のシェアを占める。

㋥　市場から

船井流組織体確立法

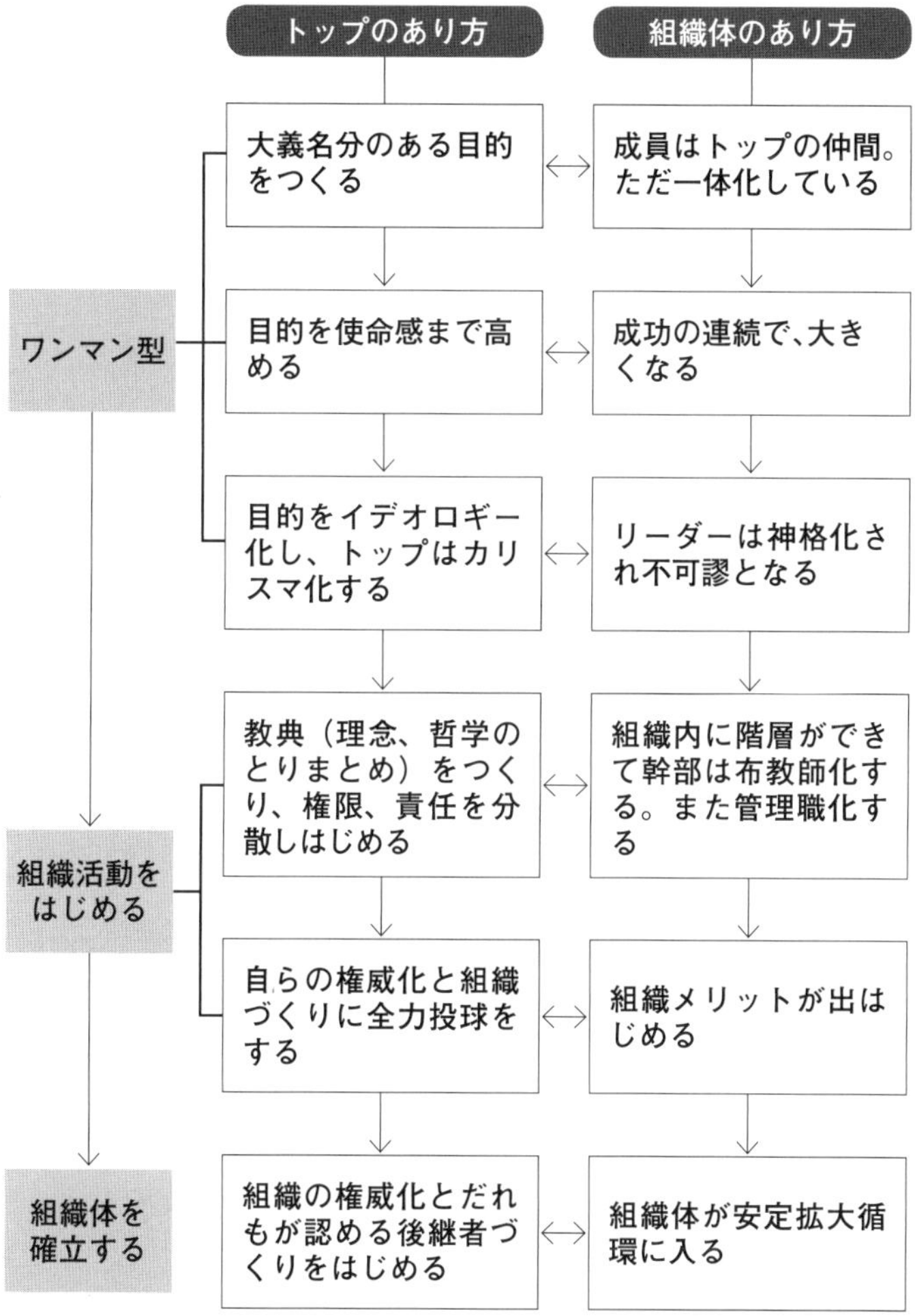
トップのあり方
組織体のあり方
ワンマン型
組織活動をはじめる
組織体を確立する
大義名分のある目的をつくる
成員はトップの仲間。ただ一体化している
目的を使命感まで高める
成功の連続で、大きくなる
目的をイデオロギー化し、トップはカリスマ化する
リーダーは神格化され不可謬となる
教典（理念、哲学のとりまとめ）をつくり、権限、責任を分散しはじめる
組織内に階層ができて幹部は布教師化する。また管理職化する
自らの権威化と組織づくりに全力投球をする
組織メリットが出はじめる
組織の権威化とだれもが認める後継者づくりをはじめる
組織体が安定拡大循環に入る

○市場環境の変更をたえず画策する。
ホ　競争相手から
○四番以下を傘下にかかえこむ。

(c)　三番の戦略
イ　自分の立場から
○一番と同盟を結ぶ。
○四番以下とは圧倒的な差をつけておく。
○二番の足をひっぱる。
○二番との関係で競争市場をたえず不安定にさせておく。
ロ　競合力原理から
○二番の八〇%以上の力になる。
ハ　シェア原則から
○一一%以上のシェアを占める。
ニ　市場から
○一番が四二%以上のシェアになるのを防ぎ、一番の安定市場づくりを妨げる。
ホ　競争相手から

○一番との関係で、すべての当面の目標を二番に注ぐ。
○四番以下を叩いても、あまり刺激しない。
○できれば一番から禅譲を期待する。

(d) 四番の戦略

(イ) 自分の立場から

○まずグループの長になる。自分の資質、理念などが肝要。
○弱者の結集条件をつくり出す。
○グループを大きくし、一番に匹敵するまでもっていく。
○二番の足をひっぱる。

(ロ) 政治的立場から

○第三者の同情、協力を得ることが必要。

(ハ) 市場から

○利害不一致のものを含めることのないようにする。
○市場安定のために全力をつくす。

(e) 五番の戦略

(イ) 自分の立場から

○強い競合者から、競争意識をもたれないようにする。
・一番の二〇％以下の力
・七％以下のシェア
○一番とともに生きる。ひとつの秩序のなかで気楽に生きる。
○あきらめの感情を他へ発散させるため、客と親しくなり関連的に他への進出を考える。
㋺市場から
○市場安定のために全力をつくす。時にはグループパワーの一員にもなる。

(7) 自然律的処理法

① 石川光男(国際基督教大学名誉教授・理学博士)氏の著書『ビジネスに活かす「生命システム」からの発想』(PHP研究所刊)から学んだこと。

(a) ダーウィニズムで弱肉強食を正義化するのはまちがい。自然界では弱者を滅ぼすのは人間のみ。

(b) ガン細胞のように自分のことだけしか考えないで増殖していると、やがて寄生主の人間をも殺し、自分まで死なねばならないようになる。

(c) 世の中はオープンシステム（開放系）で動いている。したがってセグメンテーションのようなクローズドシステム発想は時流についていけなくなる。

(d) 支配するより順応する方がすぐれている。それが世の中の正しいシステム。

(e) 経営には計画性とか目的、目標が必要である。それは「やる気」となり、脳細胞の活性化とおおいに関係する。

(f) われわれは宇宙船地球号上での運命共同体の一員として生きているのだから、上手な「棲み分け」発想が必要である。

……etc

② これからは、心と体の美と健康を、ネットと人脈によって提供していく媒介、媒体ビジネスの時代。

(8) 問題解決法

① 問題解決法を知るということは、直感力をつけることである。

② 直感力は、超意識の情報を顕在意識が認知することである。

六波羅蜜の実行と直感力の発揮

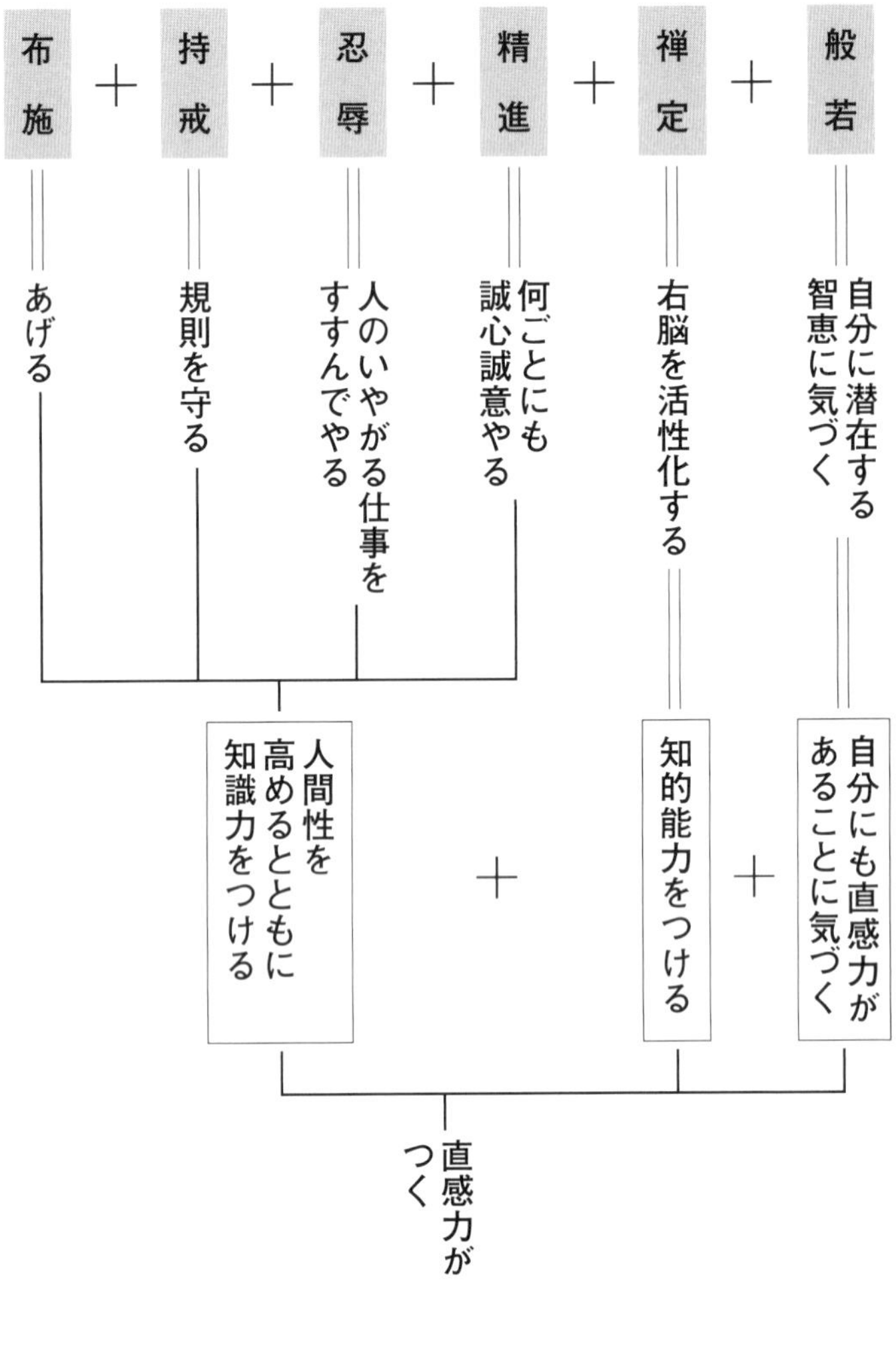

③　問題解決法こそ根元的手法である。
④　すぐれた直感力は、すぐれた知的能力がないと十分に発揮できない。
⑤　すぐれた知的能力は、すぐれた知識力に裏うちされないと出てこない。
⑥　船井流の六波羅蜜解釈＝直感力をつけるための六つの極意――前ページの図表参照
⑦　中山正和氏の「問題解決の五カ条」
(a)　真実の情報を多く集めること（人間性を高めること）。
(b)　その情報をもとにして正しく推論をすること（知識力への挑戦）。
(c)　推論に行きづまっても、なげ出さないこと（同上）。
(d)　「たとえ話」をしてみること（知的能力の活用）。
(e)　荒唐無稽な仮説を立ててみること（自分の中の直感力の活用）。
（カッコ内は船井の解釈）
⑧　問題解決法のマスター＝「悟り」につながるのではないかと思われる。自己実現ができるということでもある。

解説

本書は私の座右の書である

株式会社タニタ代表取締役社長
谷田　千里

解説の依頼を受けて、本書を読み返したところ、いくつもの新しい発見がありました。まず本書を再び世に出す価値があるか、否かですが、少しも古くなっていない。それどころか、いまだからこそより有効と思われるようなビジネスノウハウが、多々含まれていると思います。

私は一九九八年に船井総合研究所へ入社し、三年間ほど在籍していました。諸事情があって、入社時にはすでに二六歳でした。最初に本書を読んだのはこのころです。

経営コンサルタントを目指すには、船井流経営法を急ぎ勉強する必要がありました。同期との四歳差をハンディと感じ、通常業務はもちろん、残業も時間を惜しまずこなしましたし、空き時間には本書をはじめ企業経営に関する書籍類をむさぼり読みました。

つまり、経営コンサルタント初心者だった私は、かなり真剣な態度で本書を読んだことになります。

そして、その二〇年後のいま、こうして四五歳の私が本書を読み返してみて、驚きました。船井幸雄会長の記す一字一句が、実によく理解できるのです。実感をともなって納得できます。

たとえば、本書冒頭に出てくる「成功の三条件」を抜き出してみます。

①勉強好き
②すなお
③プラス発想

この三つの資質を経営トップが備えている会社は、少なくとも七〇%以上の確率で成功する、と本書は記しています。読んだ私も「その通り！」と賛同できます。私が三六歳でタニタの社長に就任してからこちらの約一〇年、この間にあったいろんな出来事を思い出し、まるで意識はしていなかったのですが、私はここまでの経営者人生を、何やかやと言いながらも、この成功の三条件に沿って歩んできたようだと驚いています。

本書は加えて「つき」を重要視しています。

船井会長いわく、「つきまくっている人や物、会社とつき合ってもらうと、成功率はさらに二五％ぐらい増す」。船井総研では、ついている人、物、会社とつき合うようにアドバイスしていたのです。成功の三条件で七〇％、この「つき」効果の二五％を足して、成功確率は九五％となると。

つく人、つく会社とつき合うためには、まず、自らがついている状態にならないといけない。これが即時業績向上法。本書は「つき」をテーマに書かれているため、即時業績向上法は「つき原理応用法」とも呼ばれていて、これには第二章が丸々割かれています。それだけ圧倒的に有効なノウハウなのです。

さて、私の経営はこれら船井流ノウハウに、果たして合致しているかどうか、と改めて社内チェックをしてみました。本書は小売業対象に書かれていて、弊社はメーカーなので当てはめにくい面もありますが、タニタでは長所伸展は原則の一つにほかなりません。圧縮付加法も取り入れてきました。

船井会長は「ついている人」とつき合えと書いていていますが、幸い、私自身はかなり早い段階で、こういう「つき」の重要さ、有効性に気付くことができました。「あれはラッキーだったな」などと思いながら読んでいると、こんな記述がありました。

「つく人の特性」として、会長はこう記しています。

『二十代末までは強気で生き、三十代から四十代前半にかけては強気に負けん気をミックスして生き、四十代後半以降は、強気、負けん気に、思いやりも加わって生きるタイプの「強気・負けん気・思いやり人間」。』(50ページ)

これには思わず、まさに、いまの自分の「まんま」だな、と笑うしかありませんでした。

どうやら、これからの私は「思いやり」ある人間として生きていかなければならない宿命のようです。

船井会長は難しい言葉を使うことを好みません。また「これが私の経営理論だ」などと大上段に構えることもありませんでした。船井流のノウハウも「長所伸展法」「即時業績向上法」「圧縮付加法」「包み込み法」等々、いわば素朴な印象を受ける命名ばかりです。

これらの根底には、「たとえいくら大掛かりな経済活動であっても、しょせんは人間がすることだ。とことんまで〝人間〟を知り尽くせば、人間がやるビジネスで失敗することもなくなる」という船井会長の信念があるのだと思います。

後に会長がスピリチュアル世界で著名になっていくのも、この信念に従って深めていった「人間研究」の結果として、むしろ当然の帰結ではないかと思います。

当時は、スピリチュアルな発言は経営コンサルタントにとっては致命傷になる、というのが一般的な考え方でした。いまだにそうかもしれません。

しかし私は、経営コンサルタントがスピリチュアル世界を研究し、経営指導に生かそうとする姿勢は「あり」だと思います。というのは、現代科学では解明できないことが、世の中には山ほどあるのが現実だからです。現代科学でダメなら、また違うアプローチで問題を解決する必要があります。船井会長は、そのアプローチの一つを人間研究に求め、その探求の過程で必然的にスピリチュアル世界に足を踏み入れたのではないでしょうか。

実証はできているが、科学的には証明できていない現象が、世の中にはいくらでもあります。合理的な理由は分からないものの、Aを一〇〇回やれば九五回以上は必ずBという結果が得られる、といったケースです。「Bを得たければAをやれば良い」は科学の世界ではダメでも、ビジネス界では受け入れられます。つまり、成功確率九五％です。これを、科学的に証明されていないから、私はAの手法は決して取らない、などと否定するビジネスパーソンはまずいません。

話が前後してしまいましたが、第三章は近未来予測的な趣を持っています。小売業界がどう変化していくかをテーマに、まさしく「いま現在」の姿を予測している章です。

この近未来予測が当たっているかどうかは、読者の判断にお任せしますが、バブル経済の崩壊を予測できていたフシもあるし、方向性においておおむね間違っていないのではないかと思います。

また、この章は「情報の扱い方」のノウハウとして読んでみても良いと思います。

当時は情報の「収集」からして大変だったのがよく分かります。いまでは、弊社の若手社員でも膨大な情報を収集し、ストックしています。しかし私に言わせると、そのデータベースがほとんど役に立っていません。彼らに「これだけのデータを集めたのなら、何か新しい発想なり提案が出てくるだろう」と問いかけても、皆「いや、あの、うーん」といった調子なのです。つまり情報が自動的に与えられているため、何のための「情報」か理解できず、それ故、それを生かすような「分析」ができない。

情報を扱うプロだった船井会長が、この第四章で行っている情報へのアプローチ法、そして整理・分析のやり方は、読者のみなさんにもきっと大いに参考になります。

また、当時の優良企業、話題企業がケーススタディや実例としてそのまま実名で出ているのも読みどころです。ただ気になるのは、その企業たちがいま現在ほとんど存在しないことです。倒産して消えたのか、名前や形態を変えて存続しているのか、気になるところではあります。

それら消えた企業のうち、本当に倒産してしまった企業については、やはり経営者が成功の三条件をいつしかおろそかにしてしまったからではないかと思います。

特に①勉強好き、②すなお、の2つです。たとえば、成功体験におごって自分を過信してしまい、周囲の意見を聞かなくなって、いつも頑固に自分のやり方を押し通そうとする。経営者がこうなったら、いくら大企業や優良企業でも危ないのです。

私が社長に就任した当時の弊社も、状況としては同じでした。

かつて大ヒットした体脂肪計の成功体験が強烈すぎたのでしょう。社内には働かない人が多くなっていました。すでに会社の事業規模はピーク時の半分にまで縮小しているのに、頑なに「ウチには体脂肪計があるから大丈夫」と信じ切っていた部分がありました。

私が「タニタ食堂」事業を始めたのは、一つには「現状では何か新しい事業を始めないと会社がつぶれます」と、そんな働かない社員たちに対する一種のショック療法的な意味合いがありました。

幸いにもタニタ食堂は大きな話題となりました。タニタはユニークな会社として、一般のみなさまからも注目され、知名度が何倍にもアップしました。タニタ食堂などサービス分野の売上は全体の一〇％未満ですが、これはこれで良いのです。ショック療法が効いたのか、利益の九〇％を占める計測機器部門でも新しい商品開発に成功し、一時期の危機は完全に脱することができました。

しかし、危ないところだったのです。成功体験は非常に大事ですが、同時に諸刃の剣でもあります。成功体験の落とし穴には、くれぐれも落ち込まないようにしたいものです。

日々、世の中は動いています。少しずつではあっても確実に変化していく。一年前の成功体験なら参考になっても、一〇年前の成功体験では仇になる可能性が高くなります。

本書にも同じ内容が少し違った言葉で書かれていますが、船井流経営の基本法則に「時流に乗った企業は原理原則に従わなくても伸びる。時流に乗らなくても原理原則に従った経営をすれば企業は存続できる。そして、時流に乗りなおかつ原理原則に従った経営をした企業は間違いなく急成長する」とあります（なお成功の三条件は原理原則に当たる）。

ところが逆に、経営者が日々の勉強をおろそかにして時流をつかめず、人の話に耳を傾けるすなおさを失ってしまったら、その企業が没落していくのは理の当然だ、とも言っているわけです。

最後の「付章」は、数多い船井会長の著書でも珍しい内容ではないかと思います。言わば、船井流の経営理論を構築していく際の舞台裏を公開しているような感があります。

船井理論はいつも平易な言葉で提示されますが、その背後には有名なランチェスターのシェア論ほかの諸経済理論、それらに加えて波動理論、諸宗教知識など会長独特の世界観まで、さまざまな知恵が隠れているのだな――と、私などは付章を読んで改めて思います。

ちなみに波動理論は、船井会長なりに到達した本物科学（ただし現代科学では異端扱い）であり、現代科学で解明できないことも波動理論で説明できると信じられていたようです。

＊

最後に一つ、タニタ社長としての私の仕事は、しいて言えば「仕組み」づくりかな、といまの時点では思っています。

もっとも、この「仕組み」や「ルール化」といった概念も、もとはといえば会長の著書から学んだものです。実質的な社会人スタートが、船井総研すなわち船井幸雄だったせいもあるのか、本書に書いてあることの多くを私は無意識のうちに実践してきていました。

どうやら私は、かなり重度な「船井信者」だったようです。

プロフィール

谷田千里（たにだ・せんり）

タニタ代表取締役社長。1972年大阪生まれ。佐賀大学理工学部卒業。船井総合研究所などを経て、2001年タニタに入社。タニタアメリカ取締役、本社取締役などを経て、2008年に社長就任。「タニタ食堂」、企業や自治体に向けた医療費適正化プログラム「タニタ健康プログラム」など新しい事業に取り組み、同社を健康計測機器メーカーから健康総合企業へと進化させた。

【著者】
船井幸雄（ふない　ゆきお）
1933年、大阪府生まれ。56年京都大学農学部農林経済学科を卒業。日本マネジメント協会の経営コンサルタント、理事などを経て、70年に(株)日本マーケティングセンターを設立。85年同社を(株)船井総合研究所に社名変更。88年、経営コンサルタント会社として世界ではじめて株式を上場(現在、東証一部上場会社)。社長、会長を経て、2003年に同社の役員を退任。(株)船井本社の会長、(株)船井総合研究所、(株)本物研究所、(株)船井メディアなどの最高顧問。著書約400冊。2014年1月19日、逝去。

編集協力／市川　尚

【新装版】即時業績向上法

2017年10月1日　第1刷発行

著　者　船井　幸雄
解　説　谷田　千里
発行者　唐津　隆
発行所　株式会社ビジネス社
〒162-0805　東京都新宿区矢来町114番地 神楽坂高橋ビル5F
電話　03(5227)1602　FAX　03(5227)1603
URL　http://www.business-sha.co.jp

〈カバーデザイン〉金子眞枝　〈本文DTP〉茂呂田剛（エムアンドケイ）
〈印刷・製本〉株式会社廣済堂
〈編集担当〉本田朋子　〈営業担当〉山口健志

ISBN978-4-8284-1978-7